西田哲学
「アウグスチヌスの
三位一体論」を読む

共産主義 マルクスの論理的不備を指摘する

浅井進三郎

東京図書出版

目次

まえがき 4

はじめに 7
　人には心が二つある

参考文献 15

意識に於いての「シネ・クワ・ノン」
必要十分条件とは 17
西田幾多郎博士の言われる意識に於いての「シネ・クワ・
ノン」、必要十分条件とは

　顕在意識と潜在意識　意識と無意識 23

　相互限定　逆限定と逆対応 26

　「自覚的立場」　その1 33
　　絶対の当為の裏面には愛がなければならない

　「自己自身を表現するものの立場」　その1 39
　　場所が場所自身を限定する

　西洋の思考は「エレミヤ書2-12　主を捨てた」ので、
　　出自に還る宗教体験を捨てたので、神話的、宗
　　教的にここまでしか知らない 58

　大和魂　大和の心 68

　「自覚的立場」　その2 89

　「自己自身を表現するものの立場」　その2 90

アダムとイブ 93

新嘗祭 96
　これが我が国の国体です

お花畑にいては何も見えません 106

シオニズムとシオニズムに便乗した人たち 114

君民共治 117
　国家と国民　天皇と大御宝

ダボス会議 134

アウグスチヌスの三位一体論 140
西田幾多郎博士は海中の水を手にて汲み尽くされました

おわりに 158

禅の言葉 166

注 168

（1）二人で一人 168

（2）私欲 168

（3）欲望　J・M・ケインズ 169

（4）二つの心 170

（5）デカルト哲学について 171

（6）見る意識と映す意識 172

（7）相互限定 173

（8）脳みそ　西田 174

（9）カール・バルトの霊感 175

(10) 良心 178

(11) 人と神との関係　滝沢克己　カール・バルト 179

(12) エレミヤとエゼキエル　そしてパウロ 180

(13) 頓珍漢な話 186

(14) 秦氏について 188

(15) マイケル・サンデル 193

(16) 中国の国歌は彼らの歴史を述べています 199

(17) 逆限定　逆対応 201

(18) 神事 202

(19) 文明の衝突 204

(20) SDGs　共通善 207

(21) 建築者 209

(22) ホイーラー・ドウィット方程式 211

(23) 浄土真宗について 211

(24) お花畑の住人を一時返上 212

(25) 賞味期限が切れた民主主義　自由と平等の論理付け ... 216

(26) 協調 218

(27) 218

(28) 小名木善行「むすび大学」 219

(29) 田中英道 220

(30) あるユダヤ人の告白 220

(31) 221

(32) マルクスの論文 226

(33) 共産的世界主義 232

まえがき

僕は、YouTube で、

> 馬渕睦夫【大和心ひとりがたり】2023年第14回●堕落
> した民主主義体制に気づき、行動せねば日本は沈没す
> る　〜賞味期限が切れた民主主義①〜
> 馬渕睦夫【大和心ひとりがたり】2023年第15回●日本
> に残された最後の命綱　〜賞味期限が切れた民主主義
> ②〜

を拝聴し、勉強していましたら、馬渕先生が、日本は戦後
レジームを、戦後の世界の趨勢から、グローバリズム、左傾
化から、共産主義化から脱却できなかったから、今日、苦境
にさらされている、とおっしゃっていました。そして、民主
主義は堕落した、戦後レジームを脱却して「君民共治の日
本を取り戻そう」と言われて、その為には君民共治を「論
理化」するのが必要であると、田中英道先生も (29)、おっ
しゃっていた、と言われていました。
　グローバリズム、共産主義は、マルクスが、彼の「観想」
に於いて見た「類」から出発された論理で、一応、「類との
疎外」で構成された「論理」になっていますので、共産主義
は「論理」で固められた強固な思想であると思われています
が、「君民共治の日本」の国体は、天皇陛下と皇后陛下や、

伊勢神宮や出雲大社、それに日本神話を表した「古事記」や「日本書紀」で、論理的ではありません。

　しかし、日本神話や、日本の国体について「論理的」に言い表されたのが西田幾多郎博士です。その一例として、今日の米国を主とする世界の左傾化は、共産主義化は、グローバリズムは、

　　十八世紀的思想（カントと悟性概念）（私と対象界）（私欲）に基く共産的世界主義も（新・共産主義、ポリティカル・コレクトネス　馬渕睦夫）（グローバリズム）（私欲が発生する私と対象界）（カントと悟性概念）（1724〜1804）（帝国主義）（マルクスと物質、類）（1818〜1883）（共産主義）（主人と奴隷）（私欲）、
　　此の原理（八紘為宇）（八紘一宇）に於て解消せられなければならない。拙著「世界新秩序の原理を読む」より

　カント哲学も「共産的世界主義(33)」である、といって、博士の論理から導き出された結果をすでに論じて、または予言と言っていいのでしょうか、おおよそ、80年前の太平洋戦争中に執筆された『世界新秩序の原理』の中で論じていらっしゃいます。

　僕がこの章で、一番言いたいのは、西田幾多郎博士は日本の国体を、君民共治の日本を、博士の心霊体験（言葉が違いますが、意味はマルクスの観想と同じです）から「論理化」されています。それを、僕ができるだけ分かりやすく、顕在意識と潜在意識、意識と無意識で説明しますので、ご理解願

えると思います。

　博士の言われる「私と汝」は、当時はあまりよく知られてはいないと思いますが、今日ではよく知られている顕在意識と潜在意識、意識と無意識です。これで、西田博士が『⁴⁻¹⁹禅宗にて公案というものは、これを会得せしむる手段にほかならない。_{拙著「場所」}』と言われていますが、西田博士の「心霊」やマルクスの「観想」を、宗教的体験を知らなくても、三位一体の「霊」を除いて、顕在意識と潜在意識ですべて理解できます。そして、参議院議員の西田昌司先生の、

　　あるユダヤ人の告白『日本人に謝りたい』日本近代史の真実、日本国憲法の欺瞞　目から鱗とは、まさにこのこと（西田昌司ビデオレター　令和4年11月11日）

をYouTubeで、ご覧になってから、読んでみてください。西田昌司先生が仰っていたことと同じ内容のことを、提起された問題について、西田幾多郎博士が、博士の論文である「私と汝」等で「論理的」に述べていらっしゃいますが、このことを僕が人間の意識を成り立たせている意識と無意識、顕在意識と潜在意識、や僕が知っていることで説明しますので、ご理解いただけると思います。ぜひとも、西田昌司先生のビデオレターをご視聴されてから、読んでみてください(30)。

は じ め に
人には心が二つある

　どんな原始的な民族でも、今日、文明圏にいる民族でも、神話やそれから発展、発達した宗教を持っています。人間は何故かしら、いつの時代においても神話やそれから発展した宗教に関わっています。とっくの昔に、いつの時代なのか放射性炭素で時代を決めた方がいいような時代からでも神話を持っていますし、それが今日まで続いています。そして、神話には必ず「神様」が、「神と呼ぶところのもの」がいらっしゃって、神話として受け継がれています。このようなことから、神様は人と共にいる、いらっしゃると理解しても良いと思います。では、人と共にいらっしゃる神は人の心の外に、寄り添っていらっしゃるのか、それとも、人の心の中に、共にいらっしゃるのか、どちらにいらっしゃるのでしょうか。

　宗教には一神教と多神教があります。一神教は神との契約で、私と神様との契約で成立しています。ゆえに、人の心の外に神様が予めいらっしゃいますが、多神教は、宗教体験で、人と宇宙との一体感を言い、山川草木悉皆成仏であり、仏教でいう、人はもともと仏である、人間は仏様である、神様である、そんな言い方ができる様相です。そして、この話は僕の神話友達の体験ですが、僕はささやかな体験でした。

　僕の場合は、体験する前や、あった後の話ですが、何でもないものが光って見えました。でもこれは、物が光っている

のではなく、心がそのような状態になっているという事で、何でもないものが光って見えましたし、また、向こうから迫ってきたときもありました。それは、僕が仕事で車を運転していた時に、向こうから迫ってきましたが、それをそのままの状態でいますと、事故になりますので振り切りました。3回くらい、同じ場所でそんな状態がありましたが、何がそのように見せているのかは、心がそのような状態にあることが、体験した時から分かっていましたので、振り切ることができました。

　あとで思ったことですが、その時車を止めて、それをそのまま受け入れたらよかったのに、と思いましたが、仕事の途中でしたのでそれが思いつかず、後の祭りです。

　神が心の外にいらっしゃって、心の外にいらっしゃる神との契約で、神との交流を、対話を図るのか、それとも宗教的な体験で神と対話をする立場をとるかは、その人の思いによって決まると思います。どちらの立場をとるにしても私と神様に、私と対象的に、疎外的に神様が、神と呼ぶところのもの、がいらっしゃることになると思います。

　僕の神話友達や、僕のささやかな体験でしたが、聖書にもそのようなことが載っていました。

　ヨハネの黙示録　19章　11節　白馬の騎手
　　そして、わたしは天が開かれているのを見た。すると、見よ、白い馬が現れた。それに乗っている方は、

「誠実」および「真実」と呼ばれて、正義をもって裁き、また戦われる。その目は燃え盛る炎のようで、頭には多くの王冠があった。この方には、自分のほかはだれも知らない名が記されていた。また、血に染まった衣を身にまとっており、その名は「神の言葉」と呼ばれた。そして、天の軍勢が白い馬に乗り、白く清い麻の布をまとってこの方に従っていた。この方の口からは、鋭い剣が出ている。諸国の民をそれで打ち倒すのである。また、自ら鉄の杖で彼らを治める。この方はぶどう酒の搾り桶を踏むが、これには全能者である神の激しい怒りが込められている。この方の衣と腿のあたりには、「王の王、主の主」という名が記されていた。

　本当にこのような体験があったのでしょうね。僕の体験からすれば、素晴らしすぎます。また、スイスの精神科医、心理学者のカール・グスタフ・ユングの体験もあります。

　　そのような「神」を体験するという意味で、確かにユングは体験に恵まれていた。例えば、天高く黄金の玉座に座した神が、おびただしい排便によってバーゼルの大聖堂を木っ端微塵に打ち砕くというヴィジョンがそれである。彼はそのヴィジョンを思い浮かべることがすさまじい瀆神行為になると思い、何日も抵抗し続けたのであるが、ついには、自らの主体性を放棄して、神の御手に自らを委ね、純粋な受動性のうちにその思いを抱くこと

自体が神の御旨であると感じて、ヴィジョンが思い浮かぶままにしたのであった。そのようにしたときに、ユングはかえって神の臨在と恩寵とを感じた。そして、「神の臨在」が既存の社会制度としての伝統宗教を超えたものであるという確信を持ったのである。

　お二人とも、僕からすればすごいヴィジョン、幻想ですね。そしてユングはこのような幻想を、神と呼ぶところのもの、を見せてくれる者が何者かを、考えるようになりました。

　　また、ユングはすでに、十五歳の頃に自分の人格の二重性に気が付いていた。彼は、自分の二つの人格について以下のように述べている。
　　背景のどこか深いところで、私はいつも自分が二人の人物であることを知っていた。ひとりは、両親の息子で、学校に通っていて、他の多くの少年達ほど利口でも、注意深くも、勤勉でも、礼儀正しくも、身ぎれいでもなかった。もう一方の人物は、おとなで ── 実際年老いていて ── 疑い深く人を信用せず、人の世からは疎遠であるが、自然、つまり、地球、太陽、月、天候、あらゆる生物、中でも夜、夢、「神」が浸透していくものすべてと近かった。
　　こうして、ユングは自らの日常的な人格（第一人格）と内的な真の自己（第二人格）とのかかわり合いの中

で、人格形成をしていったのであった。このように、非
日常的な経験や、『神の直接経験』をしていたユングが、
心霊現象や超心理現象に対して関心を抱き、それらに傾
倒していったとしても不思議ではないであろう。

渡辺学『ユングにおける心と体験世界』春秋社　33、34頁　『　』は浅
井加筆です

　ユングは人格の二重性を、第一人格、第二人格、に少年の
頃から気づいていたようです。
　人格の二重性は、二重人格であり、意味は、心が壊れて
いる方、精神に異常のある方という事になるのでしょうか。
否、まったく違います。ユングはヴィジョンを、幻想を、神
と呼ぶところのものを見せてくれる真の自己、第二人格と、
その幻想を、神と呼ぶところのものを見ている自分に、第一
人格に気づいたのです。

　いかがでしょうか。人には、第一人格と第二人格があっ
て、その「かかわり合いの中で、人格形成をしていった」と
言われていますが、みなさんは、読者の方々はどのように思
われるのでしょうか。
　結論から言いますと、僕もそのように思います。第一人格
と第二人格が合わさってユングの心になったと思われます。
心は二つで一つです。(1)
「えッ!!」って、思われると思いますが、そのことについ
て、西田博士の論理で説明していきますので、よろしくお願

いします。ユングは、第一人格と第二人格と定義されましたが、西田博士は私と汝、共同意識などと定義されましたが、これは、今日よく知られている意識と無意識に、顕在意識と潜在意識になります。

　また、ユングの論じる、幻想を、神と呼ぶところのもの、を見せてくれる「第二人格」に、「汝」に、「無意識」に気づいていらっしゃらない体験者がいらっしゃいます。その代表例が、彼の宗教的体験から、「観想」から唯物史観、資本論を論じられたドイツのカール・マルクスです。

　彼は、宗教的体験をされ、「観想」に於いて幻想を、ヴィジョンを、「類」を見性した、見たにもかかわらず、第一人格だけで論じていらっしゃって、第二人格には気づいてはいらっしゃらないのです。そして、そのことで「暴力革命」を支持して、暴力革命が資本主義社会を打倒し、社会主義社会を実現するための必要な手段であるという考えに至り、最終的に「マルクスは、共産主義革命は資本主義経済の最も進んだ国で起こるものだとし、資本主義社会から社会主義社会そして共産主義社会と進むことは歴史的必然であると言った。Wikipedia」そうですが、このような暴力を肯定した馬鹿な考えは、人間の心からは、体験世界からは出てきません。

　どうして、マルクスがこんな考えになってしまったのか。この事も、体験世界を知らなくても、意識、顕在意識、私と無意識、潜在意識、汝に於いて、西田哲学で殆ど考察できますので、先ずは、人には心が二つあるのかを、意識と無意識、私と汝、第一人格、第二人格について考えてみたいと思

います。

　先に、分かりやすく書いておきますが、第一人格は幻想を見る意識であり、第二人格は幻想を映す意識で、西田哲学では私と汝です。今日、誰でも知っている意識と無意識、顕在意識と潜在意識ですので、この事を踏まえて読んで下されば分かりやすいと思います。

　また、ユングが次のように言われたそうですが、『ヴィジョンが思い浮かぶままにしたのであった。そのようにしたときに、ユングはかえって神の臨在と恩寵とを感じた。そして、「神の臨在」が既存の社会制度としての伝統宗教を超えたものであるという確信を持ったのである』を、憶えておいてください。この事を西田博士の論理で説明します。「伝統宗教」とは、バチカンの言うキリスト教のことです。

　そして、この事が、サミュエル・ハンチントン著『文明の衝突』などで、日本一国のみで成立する孤立文明とか、日本だけが、世界に於いて類のない、唯一無二の文化であると言われている所以です。何故そのような事が言えるのか、その答えを先に書いておきます。日本は神話が物語るように「協調」の、「和 (聖徳太子) (厩戸皇子)」の文化、「以和為貴」であり、日本以外の国は、外国は「対立」の、「欲望 (Ｊ・Ｍ・ケインズ)」の文化なのです。YouTube で、日本が世界の著名な方々から、例えば、大正時代に訪日されたアインシュタインなどに評判がいいのは、この事に由来していると思われます。

　顕在意識と潜在意識でご理解してくだされば幸いです。

13

■訂正とお詫び

　僕は、拙著『西田哲学「場所的論理と宗教的世界観」を読む』の「序」で、デカルトの、我考えるゆえに我あり、の「我」はこの自分、「日常の私」であると思いました、と書きましたが、「日常の私」は、西田哲学「場所的論理と宗教的世界観」から出てきましたので、そのように思いましたが、デカルトの「自我」、「Ego」には不徹底で、今まで気づかず、今になってやっと気づきましたので、西田博士が論じられている、カントと同じく、デカルトの「自我」は、西田博士の論じていらっしゃる「共産的世界主義」者、利己的自己、自我に、Ego に訂正します。申し訳ありませんでした。

　4-19　我々の自己 (自我) (私) は、どこまでも自己 (自我) (私) の底に自己 (自我) (私) を越えたもの (個と個) (私の意識・汝の意識)〔顕在意識と潜在意識〕に於いて自己 (自我) (私と汝)〔顕在意識と潜在意識〕を有つ。〔　〕と (－) は加筆しました。

参考文献

渡辺学『ユングにおける心と体験世界』春秋社

マンリオ・カデロ　加瀬英明『神道が世界を救う』勉誠出版

監修田中英道『Renaissance「日本」とは何か「日本人」とは何か』

『西田哲学「場所的論理と宗教的世界観」を読む』の底本は、小坂国継著『西田哲学を読む　場所的論理と宗教的世界観』（大東出版社）です。文中の（小括弧）は著者が加筆しました。

3-13　の表記のものは小坂国継著『西田哲学を読む　場所的論理と宗教的世界観』（大東出版社）からの引用で、3-13は底本にも対応しています。

拙著『西田哲学「場所的論理と宗教的世界観」を読む』にも対応しています。

https://www.logos.tsukuba.ac.jp/.../nishida03_shukyotekisekaikan の「場所的論理と宗教的世界観」も参考にしました。

漢数字↔算用数字にした所もあります。行も読みやすいようにしました。

NKZ6-385-11の表記のものは「西田幾多郎データベース (c) Niels Guelberg 2000　西田幾多郎［著］：私と汝（1932.07）西田幾多郎全集・第6巻」からの引用です。

聖書は　発行所　日本聖書協会　1986年

2001年の物もありますが、1986年のほうが、僕としては読みやすかった。「ローマ人への手紙」は、パウロの意志に沿って訳されていると、訳者が体験者ではないかと思いました。

マイケル・サンデル『実力も運のうち　能力主義は正義か？』早

川書房

南山大学HP　東西宗教交流学会『東西宗教研究』

沢田幸治「マルクスの『類的疎外』規定の検討」神奈川大学学術
　　機関リポジトリ

滝沢克己・八木誠一編著　秋月龍珉・中村悦也共著『神はどこで
　　見出されるか』三一書房　1977年

岩淵慶一「マルクスにおける疎外論の発展(1)」『立正大学文学部
　　論叢』52，129-149，1975-03-20

鈴木大拙著　上田閑照編『新編「東洋的な見方」』岩波文庫

カール・バルト著『ローマ書講解　上』小川圭治・岩波哲男訳
　　平凡社

カント著『純粋理性批判　上』篠田英雄訳　岩波文庫

『西田幾多郎全集』第十一巻（第十四回配本）岩波書店「アウグ
　　スチヌスの三位一体論」

▪拙著

『西田幾多郎「デカルト哲学について」講解　場所的論理と宗教
　　的世界観　私と汝』東京図書出版　2016年

『西田哲学「場所的論理と宗教的世界観」を読む　シラス主義と
　　ウシハク主義』東京図書出版　2020年

『西田哲学「世界新秩序の原理」を読む　善（宗教＝心の作用・
　　心の内容）とは一言でいえば人格の実現である』東京図書出版
　　2022年

意識に於いての「シネ・クワ・ノン」
必要十分条件とは

西田幾多郎博士の言われる意識に於いての「シネ・クワ・ノン」、必要十分条件とは

世界に於いて、日本だけが精神性、民度に於いて特殊性を発揮しています。

神話的、宗教的に、西田哲学論理で、日本神話で日本人の意識を見れば、それは平等社会を生み出し、和を以て貴しとなす、であり、人間を肯定した「心」、「精神」で、正直でお人好しであり、利他的で会話では主語が省かれます。

しかし外国では、彼らの意識は、自己主張が得意で、利己的であり、対立を生み出し、Egoが、自我が優先して、格差社会を生み出し、神の創造がない人間を否定した、「自覚的立場」の「デカルトの自我」、「Ego」の作りあげた格差社会、隷属社会で、利己的で会話には主語が含まれます。

馬渕睦夫先生と篠原常一郎先生の対談で言われていますが、

【馬渕睦夫】マルクス主義者からディープステートに繋がる人物

(212)【馬渕睦夫】マルクス主義者からディープステートに繋がる人物 ── YouTube　https://www.youtube.com/

watch?v=7diYvdBmiuI

　ユダヤ人が支配する世界共和国、つまり One World ですよね。彼らの発想はメシア、つまり終末論だとよく言われます。左派のユダヤ人の革命家を支援した人たちが欧米の金融資本家、つまり大金持ちだったということなんですね。これは全く矛盾しているわけですね。極貧の革命家と大金持ちが実は裏で繋がっている。日本人にはなかなか理解しにくいですよね。（中略）あれがユダヤ解放思想だということは、どのマルクス主義、経済学者も、政治学者も歴史家も言わない。

「極貧の革命家と大金持ちが実は裏で繋がっている」、「日本人にはなかなか理解しにくいですよね」と、馬渕睦夫先生と篠原常一郎先生がおっしゃっていますが、西田博士の論理で考えると繋がるのです。またこのことは世界が左傾化、共産化していることにも繋がります。じゃあ、どこで繋がるのかと言いますと、西田博士は彼らを論理的にまとめて、

　　我国の八紘為宇（八紘一宇）の理念とは、此の如きものであろう。畏（かしこ）くも万邦をしてその所を得せしめると宣（の）らせられる。聖旨（せいし）も此にあるかと恐察し奉る次第である。十八世紀的思想（カントと悟性概念）（私と対象界）（私欲）（2）に基く共産的世界主義(33) も（新・共産主義、ポリティカル・コレクトネス　馬渕睦夫）（グローバリズム）（私欲が発生する私と対象界）（カントと悟性概念）（1724〜1804)

意識に於いての「シネ・クワ・ノン」 必要十分条件とは

（帝国主義）、（マルクスと物質、類）（1818〜1883）（共産主義）（主人と奴隷）（私欲）、此の原理（八紘為宇）（八紘一宇）に於て解消せられなければならない。拙著「世界新秩序の原理を読む」

と言われています。また博士は、

　第一次大戦（1914〜1918）の時から世界は既に此の段階に入ったのである。然るに一次大戦の終結は、かかる課題の解決（ロマ書11–15　世の和解）（新たなる人間の出現）（5–13 内在的超越のキリスト→被造物、覚者の出現）を残した。そこには古き抽象的世界理念（カントと悟性概念）（私と対象界）（私欲）（植民地主義）（隷属支配）（共産的世界主義　世界新秩序の原理）（共産主義）の外、何等の新らしい世界（場所的有）（自己）構成（自覚）（人格）の原理（質料→動・無・静←形相）（私と汝）（非連続的連続・無媒介的媒介が内蔵する思いやり、協調、愛、慈悲→和を以て貴しとなす）はなかった。これが今日又世界大戦が繰返される所以である。

　今日の世界大戦は徹底的に此の課題（私欲）（欲と対立を生むウシハク）（知的直観→カント、マルクス）（私と対象界）（人種差別）（ホロコースト）（ホロドモール）（共産主義）（粛清）（無慈悲）（ロマ書11–15　世の和解）（5–12　新たなる人間が生まれなければならない）（新たなる人間の出現）（5–13　在的超越のキリスト→被造物、覚者の出現）の解決を要求するのである。拙著「世界新秩序の原理を読む」46頁

と、帝国主義（カントと悟性概念）も共産主義（マルクスと物質、類）も同じ意識的、精神的構造、私と対象界であり、論理的に「私欲」の発生する同じ構造を持っている、と言われています。「4-11　私欲　西田幾多郎」の発生するどちらも私と対象界です。

　僕はこの三人の先生に沢山教えてもらいました。

　また、今回出版した『西田哲学「アウグスチヌスの三位一体論」を読む』の著作権と、拙著の、『西田幾多郎「デカルト哲学について」講解』、『西田哲学「場所的論理と宗教的世界観」を読む』、の著作権は放棄します。『西田哲学「世界新秩序の原理」を読む』、は既に放棄しました。修理固成（つくりかためなせ）、浅井進三郎。

『西田哲学「場所的論理と宗教的世界観」を読む』、と2022年6月23日に上梓しました『西田哲学「世界新秩序の原理」を読む』の再度の解説です。

　西田幾多郎博士が「シネ・クワ・ノン」、意識に於いての「必要十分条件」と言われているところを解説します。

　　　1-11　かかる矛盾的自己同一的に媒介者の自己（無）限定の中心というべきものが、多が一に、一が多に、変ずるもの（無の一般者）が変ぜられるもの（有の一般者）として、私のいわゆる場所的有（絶対無の場所）（質料→動・無・静←形相）（意識）（世界的世界）と考えられる。これにおい

意識に於いての「シネ・クワ・ノン」 必要十分条件とは

ては、自己 (私) が自己 (汝) (他人) に対立するのである (5-13　内在的超越)〔1-9　対象とならないもの (自己) が対象となる〕。自己 (私と汝) が自己 (NKZ6-370-5　環境) に自己 (日常の私) 否定的に一であるのである。故に、それは自己自身 (私・統 ‥汝) (無自身) (1-17　場所自身) を表現するものであるのである。

　しかして、我々 (私と汝) が表現するもの (無) と表現せられるもの (有) との関係 (超越的内在)〔時間面・生・無・死・空間面〕、また更に私と汝とのごとき、表現するもの (汝) (無) (1-20　意志作用的有) (1-14　作用界) と表現せられるもの〔汝〕→(私) (1-14　対象界) との関係 (内在的超越) (私・非連続の連続・無媒介的媒介・汝) (私・非連続的連続・無媒介的媒介・自己表現面の限定) (時間面的自己限定→動・無・静←空間面的自己限定)〔自己自身を表現するものの立場〕を考える時、そこまで意識していないとしても、実はいつもかくのごとき自己自身 (私と統一している汝) を表現するものの立場 (私と汝) (時間面的自己限定→動・無・静←空間面的自己限定) (自己表現的個→動・無・静←自己表現面的限定)、自覚 (見性、反省) 的立場「時間面→動・無・静←空間面」(我私と対象界、有) (2-7　無が無自身に対して立つ) において考えているのである〔場所が場所自身を限定する〕(只今)。

　かかる立場「時間面→動・無・静←空間面」、〔自覚的立場〕と (時間面的自己限定→動・無・静←空間面的自己限定) (時間面的形相限定→動・無・静←空間面的質料限定) (私・無媒介的媒介・非連続の連続・汝) (私・無媒介的媒介・非連続的連続・自己表現面の限定) (自

己表現的個・無媒介的媒介・非連続的連続・自己表現面的限定）（自己表現的個→動・無・静←自己表現面的限定）、〔自己自身を表現するものの立場〕、「私と汝の統一」が、シネ・クワ・ノン（必要十分条件　本33頁）であるのである。拙著「場所」41頁　加筆しました。

　変ずるもの（無の一般者）が変ぜられるもの（有の一般者）とは無即有で、西田博士の言われる「1-8　当為」、「1-15　定言命令」で、私と対象界に、時間面・動・無・静・空間面、マルクス・動・無・静・類にある、K・マルクスで言えば「類」、「物質」、主の僕のパウロの言葉で言えば「ロマ書4-17　無から有を呼び出される神」で、「ロマ書7-22　神の律法」が私に見える形、理解できる形で、表象、心象、形象で、宗教的体験の時に現れる、ということです。対象界の、空間面の神と呼ぶところのもの、自らを律するもの、それが言葉に、「類」なるところ、「自覚的立場」です。そして、次の二人は宗教的体験ではありませんがJ・M・ケインズ（3）で言えば、ケインズと対象界にある、欲望の対象となる「月」、「貨幣」、カントは「素材と援助」による「悟性概念」でカント著『純粋理性批判　上』篠田英雄訳　岩波文庫　18、40頁、僕の言う「神の字」が、マルクスの「類」がそれにあたります。また、馬に例えると、馬の目の前に吊るされたニンジンに、馬と人参になります。

　このことは「心霊　西田」で、「霊性　鈴木大拙」で、「主パウロ」で、宗教的体験で自己の根柢から、博士の言われる

「5-5　所与」、仏教の阿頼耶識、「エペソ1-22　パウロの教会
→蔵」、Ｃ・Ｇ・ユングの集合的無意識から、僕に言わせれ
ば、僕たちが人間になる前の古い神経から出てくると思いま
す、が、何故かしら前記した「当為」などは宗教的体験の
時、「見性」の時、「心霊　西田」、「観想　マルクス（32）」の時
に、見える形で現れますが、記憶は通常の意識の時でも、当
然ですが、記憶のある場所から出てきます。カントの悟性概
念や、ケインズの欲望の対象となる月、貨幣や、僕の言う神
の字が、それにあたります。しかし、通常の我々（私と汝
西田）は善悪を判断しますので、博士が「そこまで意識して
いないとしても」と言われているように、宗教的体験をしな
くても、気にしない、気づかないところで当為が、「ロマ書7-
22　神の律法」が「1-1　良心」（10）として表れていると思い
ます。

顕在意識と潜在意識　意識と無意識

　神の字を書いてくださいと言われますと、神の字が頭に浮
かびます。そして、それを見ながらなぞって神の字を書きま
すが、いかがでしょうか。どなたでも神の字が頭に、空間面
に浮かぶと思います。

　それで、神の字が頭に浮かぶのは、何の働きもなく、勝手
に表れるということではなくて、何かが記憶にある神の字
を、『1-8　当為　西田』を、神の字の心象、形象を表さなけ
れば、「1-10　表現するもの」が働かなければ「1-10　表現せ

られるもの」が頭の空間面に浮かびません。いかがでしょうか、ご自分で神の字を思い浮かべてみてください。

　記憶から、無意識から記憶を呼び出して、見せてくれるものがなければ、書けません、自覚ができません。何かが働かなければ頭に思い浮かびません。その何かを西田博士は『汝』と言われました。汝が私の対象となって、僕の言葉で言えば「もう一人の自分」が記憶にある神の字を、私の頭の空間面に、対象界に、「私と神の字」として、頭の中、空間面に見せてくれます。しかし自己の根柢にある、『5-5　所与』にある『当為』は、阿頼耶識にある『種子』、パウロで言えば『ロマ書7-22　神の律法』は何故かしら、宗教的体験の時にだけ、（西田博士はそれを心霊と言われました。マルクスは観想です）現れます。不思議なことに日常の自己の時は、記憶にあることは自然と思い出して、呼びだして見ることができますが、自己の根柢にある『1-8　当為』などは宗教的体験の時に現れます。そのことを「禅」では見性といいます。

　そして、このことが、博士が「自己（私）が自己（汝）（他人）に対立するのである（5-13　内在的超越）〔1-9　対象とならないもの（自己）が対象となる〕」と言われているところです。それが「場所的有」、「自己」と言っても良いと思います。

　博士の言われる「汝」は、僕の言葉で言えばもう一人の自分です。ヲシテ文献の「タマシヰ」でいえば『タマ』で、「欧米人は、人に心が二つあることを知らない。人とはどの

意識に於いての「シネ・クワ・ノン」　必要十分条件とは

ようなものなのか分かっていない」と言われた世界的数学者岡潔博士の二つの心で言えば『無私の心』です〔#04　二つの心（後編）〕（4）。意識には顕在意識と潜在意識、意識と無意識の二つの心がありますが、「汝」や「もう一人の自分」は、無意識、潜在意識です。そして、「神の字を見せてくれる」、『当為を見せてくれる』もう一人の自分、汝に、自分は何もできません。ただ、潜在意識が見せてくれるものを、顕在意識が見ているだけです。

　心は、脳みそは、「物質」が「生体」となってできていますから（5）心の内容を、神の字を、「1-8　当為」を知るには、物質、死と、生体、生を媒介する者が、「1-10　媒介者」が必要です。西田博士はその媒介をするものを、ご自身の宗教的体験から、心霊体験から、「無」と言い表されました。ですから、私が頭に浮かべた空間面にある、私の対象に見える神の字は、私・無・神の字、になり、書き換えると「NKZ6-400-4　見る意識」である「私」と、汝である「NKZ6-400-4　映す意識」や「映されたもの」で（6）、ここでは汝が空間面に映した神の字になりますので図式にしますと、見る意識、時間面・無・映す意識が空間面に映したもの、神の字が、私と神の字になり、これが、私・無・神の字、「1-14　意識界・無・物質界」、時間面・無・神の字、時間面・無・空間面、になります。

　そして時間面は生体ですので「生」、「動」、空間面は物質になりますので「死」、「静」を加えて、物質と生体と

の「NKZ6-347-4　場所的切断」を表し、「私・無・神の字」は、「私・生・無・死・神の字」、「時間面・生・無・死・空間面」、「1-14　意識界・生・無・死・物質界」、「1-14　作用界・生・無・死・対象界」で、その「場所自身」の構造を、「1-11　場所的有」を、最終的には「三位一体」を言い表します。無意識に、記憶にある神の字は、また、阿頼耶識の種子や「当為　西田」は、生体が形状となって、表象、心象、形象となって私が認識できるように「私と神の字」として、「私の対象界」に、「私と対象界」に、時間面・無・空間面に、「私・生・無・死・神の字」、「1-14　意識界・生・無・死・物質界」、「1-14　作用界・生・無・死・対象界」になり、汝に於いて現れると考えます。博士は「NKZ6-341-11　両界〔意識と無意識〕（私と対象界）（作用界と対象界）（意識界と物質界）は同じ材料（質料と形相）（脳みそ）から構成せられて居るのである」と言われています。

相互限定　逆限定と逆対応

そして同じように、私と神の字、私と対象界は、時間面と空間面は、西田博士は、これを質料と形相で言い表され、「1-12　質料と形相」は、「1-11　場所的有」は、脳みそは物質が生体になったところで、「NKZ6-347-4　場所的に切断」されていますので、その切断を、生と死を取り持つ「無」を媒介にして「1-10　相互に限定」、「質料・相互限定・形相」し合い（7）、脳みそが生と死を、主客合一と主客切断を、刹那

を繰り返して、「NKZ6-386-10　非連続的連続・無媒介的媒介」して働きます。その結果、質料が形相となり、形相が質料となり、逆に対応しあい、逆に限定しあいます。これが博士の言われる「2-6　逆対応」「2-18　逆限定」です。「逆対応」、「逆限定」はもっとわかりやすい形で、後で示します。

　このことを、私・生・無・死・神の字、時間面・生・無・死・空間面、質料・生・無・死・形相などと、このように表します。左辺は言葉が違いますが、みな同じことを言っていますし、右辺も言葉が違いますが、みな同じことを言っています。左辺は、「NKZ6-400-4　見る意識」で、右辺は、「NKZ6-400-4　映す意識」や「映されたもの」で、私の、意識の対象界が汝、無意識、もう一人の自分ですので、主観と客観が、自我が発生しません。西田博士の言われる「主客未分」になります。

　西田博士は「私と汝」を言い表すのに、多くの言葉を造られました、例えば「1-6　一つの世界」と「一つの世界」です。これは私と汝、「見る意識」と「映す意識」という意味で、それが合わさって、統一されて「世界的世界」になります。意味は、意識や人格などで、「NKZ6-400-4　（見る）意識と（映す）意識の統一」、「NKZ6-400-4　個人的自己の意識統一」、意識と無意識の統一、顕在意識と潜在意識の統一という事で、「自己」、「場所的有」「2-17　自覚的自己」などの意味になります。そしてそれらが私の「見る意識」の「1-14　時間面的自己限定」と、汝の「映す意識」の「3-12　空間面的自己限定」になり、無を媒介にして相互限定している質料

と形相は、ここの自己が「質料と形相」になり、見る意識である「時間面的形相限定」、私と、映す意識である「空間面的質料限定」、汝の限定になります。

　その結果、見る意識は、時間面に形相を限定しますので「質料」になり、映す意識は空間面に質料を限定しますので「形相」になりますので、見る意識の私は、「時間面的形相限定」が、時間面に形相を限定しますので形相が質料になり、私が神の字を記憶します。

　書き直すと、「時間面的形相限定」が質料、私になり、「空間面的質料限定」で、汝が空間面に映しますので質料が形相、「神の字」になります。

　自己自身を表現するものの立場が、私、「時間面的形相限定」と汝、「空間面的質料限定」が働くと、自覚的立場、私・生・無・死・神の字、質料・生・無・死・神の字、になり、私が神の字を見ます。

　そして、私が、「質料」が、私が頭の中にある、汝の映した空間面の神の字を見ながら「私・生・無・死・神の字」、「時間面・生・無・死・空間面」、「質料・生・無・死・形相」、「自覚的立場」になり、神の字を書くことができます。自己自身を表現するものの立場である、「質料←時間面的形相限定・生・無・死・空間面的質料限定→形相」、「見る意識と映す意識」が「相互に限定」しあって(7)、自覚的立場の「私・生・無・死・神の字」、「時間面・生・無・死・空間面」、「質料・生・無・死・形相」になります。

　ここでは、質料と形相は相互に逆対応、逆限定しあいま

意識に於いての「シネ・クワ・ノン」 必要十分条件とは

す(17)。ここで西田博士の言われている哲学的用語が殆ど働きます。例えば、主客未分です。私の、見る意識の対象界に映す意識の汝が、自分ともう一人の自分がいますので、「明鏡相照らす　鈴木大拙」になり、主観、客観が発生しません。博士はそのことを主客未分と言われました。いかがでしょうか。主客未分をご理解していただいたと思います。

　そして、漢字の薔薇なんかは多くの方は知らないから、記憶にないから、思い浮かばないので書けません。でも、多くの方は「バラ」と読めます。このことは、多分、薔薇という漢字の形、心象、形象が心に記憶されていて、その形が心の中で照合(NKZ6-399-8　意識と意識が話し合ふ)されて、このような形の漢字は「バラ」と読むのだ、と記憶にあるからだと思います。
　西田博士が「2-1　外を内に映す」、「内、時間面・動・無・静・空間面、外」、「汝が示したものを私が知れば」と言われたように、薔薇の花の色でも、色の呼び名を知らなければ、見ている薔薇が何色なのか表現できません。記憶した色の名称と照合(NKZ6-399-8　意識と意識が話し合ふ)して表現すると思います。馬も見たものが何なのか、記憶からニンジンを呼びだして照合し、好物のニンジンだと理解する、自覚すると思います。ケインズの、「月は生チーズからできている」、「みな、月を欲するのだ。欲望の対象、すなわち貨幣」の貨幣も、私の対象界に見える貨幣が、それが何なのかを、「外、貨幣を、内、私に映せば」、「ケインズが貨幣を見れば」、「あ

29

なたがお金を見れば」、「NKZ6-399-8　意識と意識が話し合」えば、私と汝が、自分ともう一人の自分が、顕在意識と潜在意識が、岡潔博士の二つの心（4）が話し合えば理解でき、理解すれば、自覚すれば、そのものに対して「自覚的立場」である「時間面・動・無・静・空間面」の、マルクスが陥った「私と対象界」だけですと、ケインズの言うように「欲望」が発生しますが、私が、アダムが働いた労働の報酬なら、賜物、当為なら、「場所が場所自身を限定する（後述します）」であれば、「自己自身を表現するものの立場」と「自覚的立場」であれば、神の字は、当為は、賜物は「明鏡相照らす　鈴木大拙」であり、あなた自身ですので「欲望」は発生しません。感謝や、喜びが発生します。西田博士が、

　　4–1　パスカルは、人は自然のもっとも弱きものたる葦にすぎない、しかし彼は考える葦である。彼を殺すには一滴の毒にて足りる、しかし全宇宙が彼を圧殺する（NKZ6-370-5　環境的限定の意義）（物体界）（コリント2-10-18　主の推薦）とも、彼は死ぬること（ロマ書4-17　無から有を呼び出される神）を知るが故に、彼を殺すもの（宗教的体験）（主の推薦）（物体界）よりも貴い、といっている。かく人間の貴いと考えられるゆえんのものが（パスカルと貴いもの）（超越的内在）（マルクスと類）（4-11　私欲）（利己）、すなわち人間の惨（みじ）めなるゆえんである。人世の悲惨は実にここにあるのである。

と言われたあたりの消息です。

また、博士の言われる「1-8　当為」、「種子」、「所与」などは、自己の根柢にあるパウロの「ロマ書7-22　神の律法」や、マルクスが対象的に見た「疎外された類」や、ヘーゲルの言われた「5-9　自己疎外的精神」もそうですが、何故かしら心霊、観想 (32)、宗教的体験の時だけに現れます。日常の意識に於いて認識できません。しかし、それらの一部は、日常の意識に於いて、誰にでも現れる「良心」(10) として表れてくると思います。そして、釈迦やイエスは、宗教的体験を踏まえて、ここから言葉を紡いで我々を導いてくださっていると思います。

　　　1-1　人は何人も自己は良心を有 (も) たないとはいわない。もし然 (しか) いう人があらば、それは実に自己自身 (NKZ6-368-9　物質即精神なる神)〔真如〕を侮辱 (ぶじょく) するものである。拙著「場所」

　　　ロマ書7-14　わたしたちは、律法 (7-20　神の律法) は霊的なもの (マルクスに於いては観想) であると知っている。

これが自覚的立場、私と対象界、「私・生・無・死・空間面→神の字」、「時間面・生・無・死・空間面」と、自己自身を表現するものの立場、見る意識と映す意識、「時間面的形相限定・非連続的連続・無媒介的媒介・空間面的質料限定」、「時間面的形相限定・生・無・死・空間面的質料限定」であり、「NKZ6-400-4　見る意識と映す意識の統一」、「NKZ6-400-4

個人的自己の意識統一」「意識と無意識の統一」、「私と汝の統一」に、「顕在意識と潜在意識」、「自己」になります。

閑話休頭　　(^_^)　(>_<)　(^O^)

脳梁で繋がる左右の脳は、左脳は右手を、身体の右側を、右脳は左手を、身体の左側を担当しています。ここにも「2-6　逆対応」、「2-18　逆限定」があります。一体、どのように理解したらよいのでしょうか。Bing のチャットによれば「例えば、右脳は空間認識や直感的思考、左脳は言語や論理的思考などです」だそうです。何か、左脳・脳梁・右脳で、時間面的形相限定・生・無・死・空間面的質料限定でぴったり当てはまるような気がします。また、以和為貴の「和」は、「咊」でも表され、「以咊為貴」になります。ここも、逆対応、逆限定です(8)。

閑話休題　　ここでお互いに無を媒介にして「表現せられる者と表現する者」が、「私と汝」が、「意識と無意識」が対立します。「1-9　対象とならないものが対象となる」、「私・生・無・死・神の字」、「時間面・生・無・死・空間面」、「質料・生・無・死・形相」になり、対象について、「汝」の心の構造が、思考できるようになります。

まとめますと、私が、時間面が、汝の、他人の、それは私ですが、示した無を媒介した心の内容を、「NKZ6-347-4　場所的切断」をした物質と生体の内容を、無を媒介として知ります。簡略しますと「私・無・神の字」、「質料・無・形相」になります。左辺は私ですが、右辺は、物質が生体となってい

る心の内容を、汝が、無を媒介にして表した記憶や、物質である心の内容、「1-10　相互限定」したもの、「質料・相互限定・形相」を、汝か、汝が私に見える形で表したもの、啓示したもの、それを言葉にして表現したものです。博士が、

　　4-16　言葉はロゴスとして理性的でもあるが、また超
　　理性的なるもの、否、非理性的なるものは、ただ言葉に
　　よってのみ表現せられる。

の消息です。

「自覚的立場」　その1
絶対の当為の裏面には愛がなければならない

　私と汝ではなくて、私が、私と対象的に、対象界に見るもので、自我の立場で、博士はそのことを知的直観と言われました。そして、自我が、知的自己が、私が見たものを、「5-13　超越的内在」と言われました。そして、西田博士の言われた「2-1　外を内に映す」、「内、時間面・動・無・静・空間面、外」、「外、月を内に、私に映す」とケインズが、分かりやすく言ってくれましたが、彼の言う通り、多くの場合、対象界に、対象物に、パスカルと貴いものに、私欲（2）、ケインズの言葉で言えば「欲望」が発生します。ですので、私と悟性概念のカントも、デカルトも、マルクスも、ケインズも、神様と契約をしているキリスト教徒も、私と対象界です

から、心が同じ構造になりますので「欲望」が発生します。このことを、西田博士が、

　　十八世紀的思想（カントと悟性概念）（私と対象界）（私欲）に基く共産的世界主義も（新・共産主義、ポリティカル・コレクトネス　馬渕睦夫）（グローバリズム）（私欲が発生する私と対象界）（カントと悟性概念）（1724〜1804）（帝国主義）（マルクスと物質、類）（1818〜1883）（共産主義）（主人と奴隷）（私欲）、(33)
　　此の原理（八紘為宇）（八紘一字）に於て解消せられなければならない。拙著「世界新秩序の原理を読む」

と言われています。また、僕もそのように思いますし、今日、何処の国においても心の作用や内容が、カントやマルクスの、ケインズの「私と対象界」であり、マルクスは勿論ですが、私と対象界、私と悟性概念のカントやキリスト教徒の場合でも、知らず知らずのうちに「共産的世界主義　世界新秩序の原理」になり、共産主義や、「共産的世界主義」が蔓延ります。これが今日、自由主義の国家においても、西田博士の言われる通り「共産的世界主義」が、共産主義が蔓延る理由、原因です。

　自覚的立場を、私と対象界を図式にしますと、主観と客観になり、自我が発生する場所です。（図式の左辺は言葉が違いますが、意味は同じで私、意識です。右辺も言葉が違いますが意味は皆同じで、汝が、無意識が示した当為、類、神の字です）

34

意識に於いての「シネ・クワ・ノン」 必要十分条件とは

意識と無意識が映した当為、類、神の字
顕在意識と潜在意識が映した当為、類、神の字
私と対象界
主観と客観
私・無・神の字
意識界・無・物質界
私・生・無・死・神の字
時間面・動・無・静・空間面
時間面・生・無・死・当為
自分・生・無・死・神の字
デカルト・生・無・死・神様
パスカル・生・無・死・神と呼ぶところのもの、当為、
貴いもの
カント・生・無・死・悟性概念
マルクス・動・無・静・類、物質
ケインズ・動・無・静・貨幣
馬・生・無・死・ニンジン
生体・生・無・死・物資
質料・動・無・静・形相

次の意識は私と対象界ではありません。私の対象界にある
のが汝で、意識と無意識で、多くの場合、気づかれてはいま
せん。マルクス、ヘーゲル達は気づいていません。

私、見る意識←時間面的形相限定・生・無・死・空間面

35

的質料限定→映す意識、汝や、見る意識、質料←時間面的形相限定・生・無・死・空間面的質料限定→形相、映す意識、または、

見る意識、質料←時間面的形相限定・非連続的連続・無媒介的媒介・空間面的質料限定→形相、映す意識が映した神の字、類、形相になり、そして、それらが「私・生・無・死・神の字」、自覚的立場になります。

　ここに関係する意識は、潜在意識と顕在意識が、見る意識と映す意識が関係していますが、多くの場合潜在意識は、映す意識は忘れ去られていますし、気づかれてはいませんので、顕在意識のみが、デカルトの「自我」だけが関わっているように思いがちになります（5-13　超越的内在）。そして、宗教的体験で空間面に見えたものが、対象界にある「当為」が、パスカルの貴いものに、ヘーゲルの自己疎外的精神、マルクスの疎外された類、目的になり、「月は生チーズからできている」、ケインズの欲望の対象の貨幣に、馬の欲しがるニンジンに、見えるものを手に入れようとします。ですから、マルクスは汝に、映す意識に気づかれてはいませんが、マルクスの「類」が、対象物が、当為がそこにあるという事は、汝が、映す意識が類、当為、神の字を映したから、第二人格に、汝に気づかれていないマルクスに於いては、自分とは疎外された状態で、「対象的存在　滝沢」として、そこにあるという事です。

　そして、自覚的立場だけですと、私と対象界だけですと、

意識に於いての「シネ・クワ・ノン」 必要十分条件とは

西田博士の言われる「4-11　私欲」が発生する場所で、ケインズの言うように「欲望」が発生し、武田邦彦先生が言われる「力ずくの社会」が、嘘がまかり通る世界観が、「共産的世界主義　西田」(33) が、共産主義が発生するところです。ケインズが「みな、月を欲するのだ。欲望の対象、すなわち貨幣　酒井克彦氏 HP Kaikei Zine より」と言われましたが、これは、カントを継承されたマルクス・ガブリエル教授の言われる「欲望の奴隷」と同じです。もしも、ケインズが働いて得た月、貨幣なら、家庭菜園と同じになりますので収穫物、賜物、当為、月、貨幣に関わる心は、欲望ではなくて感謝が現れてきます。

　そして、もう一つの「自己自身を表現するものの立場」については、自覚的立場で説明しましたように、「神の字」や西田博士の言われる「当為」、マルクスの「類」、パウロの「ロマ書7-22　神の律法」を『見る意識、時間面的形相限定→質料』、と、「神の字」や「当為」、マルクスの「類」、パウロの「ロマ書7-22　神の律法」を『映す意識、空間面的質料限定→形相』とで、質量・生・無・死・形相、時間面・生・無・死・空間面を、自覚的立場を表します。そして、この場所は、場所的に切断、生体と物質、生と死、されていますので、ここに於いて僕の神話友達が言う「生かせたる」→「生体」、愛と、私と対象界の「自覚的立場」の、類との、「物資」との、ケインズが認めた「欲望」との、欲との「協調」(26) が発生し、以和為貴が、出てきます。「協調」南山大学

『東西宗教研究』講演（三）カール・バルト神学について　滝沢克己　48頁

　西田博士は、人間に生得的に備わっている愛と欲について次のように論じていらっしゃいます。

　　4-11　我々〔私と汝〕の自己（自我）〔私〕（時間面的自己限定）（時間面的形相限定）が絶対愛に包まれるということから、真に我々〔私と汝〕の自己（私と汝）の心の底から当為というものが出て来るのである。人は愛ということについて、真に理解していない。愛というのは、本能（動物）ということではない。本能的なるものは、愛（シラス）（天照大神）（太陽神）ではない、私欲（2-1　外を内に映す）（ウシハク）（大国主命）（私と対象界）（ケインズと月→貨幣）（疎外　マルクス）（民衆と阿片）（私と商品）（私と類）（あこがれ　パスカル）（利己的）である。真の愛（生かせたる、瞬時に生まれ、瞬時に死す、言ってみれば愛、アガペーである　神話友達）（協調）（利他的）（共生）（慈悲）（悲願）というのは、人格（時間面的自己限定）（時間面的形相限定→質料）（NKZ6-400-4　見る意識）と人格（空間面的自己限定）（空間面的質料限定→形相）（映す意識）との、私（質料）（生）（愛）（生体）と汝（形相）（死）（欲）（物質）との矛盾的自己（質料・生・協調・死・形相）→（質料・愛・協調・欲・形相）→（質料・霊・形相）（絶対無）（三位一体）同一的関係でなければならない。絶対的当為（ロマ書7-20　神の律法、定言命令）（空間面的自己限定）（空間面的質料限定）（形相）の裏面（時間面的自己限定）（時間面的形相限定）（質料）には、絶対の愛（生かせたる、生かす力、生かさ

ざるを得ない力、瞬時に生まれ、瞬時に死す、言ってみれば愛、アガペーである　神話友達）（協調）（利他的）（共生）（慈悲）（悲願）がなければならない（7）。しからざれば、当為は法律的たるにすぎない。加筆しました。

　意識と無意識　（質料←時間面的形相限定・愛・協調・欲・空間面的質料限定→形相）→（質料・愛・協調・欲・形相）（時間面・生・無・死・空間面）
　私と汝（見る意識・愛・協調・欲・映す意識）
（絶対無）（三位一体）、（質料・霊・形相）、（質料・愛・協調・欲・形相）、（時間面・愛・協調・欲・空間面）、（時間面・生・無・死・空間面）。
　場所が場所自身を限定する。
　霊について。パウロは、コリント人への第二の手紙3-17で、主は霊（心霊　西田）（霊性　大拙）（霊感　カール・バルト）（9）である、と言われています。

「自己自身を表現するものの立場」　その1
場所が場所自身を限定する

　私と汝、自分ともう一人の自分（5-13　内在的超越）を図式で表しますと、
（図式の左辺は、みな言葉が違いますが、意味は同じで私、意識、顕在意識です。右辺も言葉が違いますが意味はみな同じで、汝、無意識、潜在意識か、汝が、無意識が映した当

為、神の字です)

　脳みそは、物質が生体となったところですので「NKZ6-347-4　場所的切断」を表すのに「生と死」、「愛と欲」で表し、愛と欲が「協調」して(26)働く場所で、私→意識界、愛の領域、「自愛の主体」と汝の限定→物質界、欲の領域、「自知の主体」で、心・無・物質で、生・無・死で「場所的切断」になります。
「自愛の主体・動・無・静・自知の主体」、愛の領域・動・無・静・欲の領域。「アウグスチヌスの三位一体論」より
　自愛の主体、見る意識、質料←時間面的形相限定・生・無・死・空間面的質料限定→汝が映した形相、自知の主体で、自己自身を表現するものの立場で、これが「質料・生・無・死・形相」、「時間面・生・無・死・空間面、2-1　外を内に映す」に、自覚的立場になります。

　　　時間面的自己限定・動・無・静・空間面的自己限定、汝が映した神の字
　　　時間面的形相限定・生・無・死・空間面的質料限定、汝が映した当為
　　　時間面的形相限定・愛・協調・欲・空間面的質料限定
　　　　　見る意識・愛・協調・欲・映す意識
　　　　　見る意識、私・愛・協調・欲・映す意識、汝が映した神の字
　　　　　見る意識、私・愛・協調・欲・映す意識、汝が映し

た当為
　　　私・愛・協調・欲・汝
　私・非連続的連続・無媒介的媒介・汝
　私・場所的切断、主客切断と主客合一・(ロマ書4-17
　無から有を呼び出される神)、無・汝、有
　　　私・心の作用・心の内容・汝
　　　私・時の方向・無・汝、有
自分・心の作用・心の内容・もう一人の自分が映した神
の字
自分・心の作用・心の内容・もう一人の自分が映した当
為

　以上が、自覚的立場の、時間面・生・無・死・空間面にな
ります。
　西田博士の言われる「愛と欲」が協調して働く場所で、場
所が場所自身を限定する、意識と無意識が働く、行為するに
なり、以味為貴が出てきます。武田邦彦先生が言われる「力
ずくではない社会」が、「協調の文化、社会」が、以味為貴
が成立するところです。

　場所→絶対無、三位一体が
　場所自身→質料・霊・形相を
　　　　　質料・愛・協調・欲・形相を
　　　　　質料・愛・無・欲・形相を
　限定→時間面的形相限定・愛・協調・欲・空間面的質料

限定

私・非連続的連続・無媒介的媒介・汝

私・場所的切断、主客切断と主客合一・（ロマ書4-
17　無から有を呼び出される神）、無・汝、有

私・心の作用・心の内容・汝

見る意識・愛・協調・欲・映す意識

顕在意識・愛・協調・欲・潜在意識

私、見る意識・愛・協調・欲・映された神の字

私、見る意識・愛・協調・欲・映された当為

2-8　仏あって衆生あり（時間面的形相限定）→質料、
自愛の主体

衆生あって仏がある（空間面的質料限定）→形相、
自知の主体

する→時間面・動・無・静・空間面、作用界・生・無・
死・対象界、

私・愛・無・欲・神の字、意識界・愛・無・欲・
物質界、

質料・愛・協調・欲・形相

質料・霊・形相

二位一体

絶対無

愛〔意識〕〔自愛の主体〕を以て自己（神の字）（当為）（形相）
を知らんとする（書こうとする）精神（心）〔意識〕（時間面的形
相限定・愛・協調・欲・空間面的質料限定）（時間面的形相限定・生・
無・死・空間面的質料限定）は既に自己（神の字）（時間面・生・

無・死・空間面→神の字、当為）〔無意識〕〔自知の主体〕を知り居るもの（書くことが出来るの）である。「アウグスチヌスの三位一体論」より

　空間面的質料限定、汝が、もう一人の自分が、潜在意識が神の字を空間面に映し、それを時間面的形相限定、顕在意識、私が、自分と対象界にある汝が空間面に映した神の字を見ます。このようになり、神の字を見ながら、なぞって書くことができます。ですから、私と汝にならなければ「神の字」を書くことができません。試してみてください。

　私が神の字を書こうとして頭の中に、頭の空間面に神の字が浮かんだ時点で、私と汝が成立しています。そこは主客未分です。

　自己自身を表現するものの立場を、私と汝を認めて、初めて「行為」ができるように、意志的に、愛と欲との協調、以和為貴に於いて行動ができるようになります。

　　2-8　故に、私は仏あって衆生あり（時間面的自己限定）、（時間面的形相限定）→私、衆生あって仏があるという（空間面的自己限定）、（空間面的質料限定）→汝の映した形相、神の字。

　創造者〔質料・愛・協調・欲・形相〕（三位一体）としての（物質即精神なる）神（真如）あって創造物〔時間面的形相限定〕としての世界〔質料、私〕あり、

　逆に創造物〔質料、私〕としての世界〔空間面的質料限定→形相〕あって（物質即精神なる）神があると考えるのである。

訂正、加筆しました。浅井

　博士は『５９　絶対とは対を絶するものではない。拙著「場所」』と言われています。

　　　NKZ6-341-11　両界（私と対象界）（作用界と対象界）（意識界と物質界）は同じ材料（質料と形相）（脳みそ）から構成せられて居るのである。

　そして、この場所には、三位一体、逆対応、逆限定、純粋経験、直接経験→主客合一→見性、「主客未分→私と汝」が含有されていて、愛と欲との協調で、聖徳太子、厩戸皇子の言われた「和を以て貴しとなす」が、それに「NKZ6-368-9物質即精神なる神（真如）」が、「質料・生・無・死・形相」が、「質料・愛・協調・欲・形相」、「質料・霊・形相」が出てくると思いますが、いかがでしょうか。
「協調」南山大学『東西宗教研究』講演（三）カール・バルト神学について滝沢克己　48頁
「協調」異なった環境や立場に存する複数の者が互いに助け合ったり譲り合ったりしながら同じ目標（創造　浅井加筆）に向かって任務を遂行する性質　Wikipedia
　西田博士が「善（心の作用・心の内容）（宗教）とは一言にていえば人格の実現である」と言われていますが、これが博士の言われる人格です。西田幾多郎『善の研究』岩波書店　202頁

意識に於いての「シネ・クワ・ノン」　必要十分条件とは

　動・無・静、生・無・死は、「NKZ6-386-10　非連続的連続」と「無媒介的媒介」で、非連続的連続は「場所的切断」における作用で、静止画像を、主客合一を一コマ一コマ見る映画と同じで、それが連なった方向が時の方向であり、無媒介的媒介は「ロマ書4-17　無から有を呼びだされる神」で、心の作用・心の内容であり、協調、愛、慈悲、悲願、「生かせたる、瞬時に生き、瞬時に死す　神話友達」を、愛、生の面と、そして欲を、物質、死の面を内蔵しています。

　そして、あなたが働けば、あなたが働いて得た報酬は、あなたの対象界にありますが、それは行為自己の、私と汝の、場所が場所自身を限定した時間面、私と、空間面に映された当為（ロマ書7-20　神の律法、1-15　定言命令）や神の賜物と共に、報酬としてあり、自覚的立場のケインズの欲望ではなく、行為的自己の愛と欲との協調の行為における、神の賜物、報酬でありますので、それに感謝が出てくると思いますし、労働は神事になります。また、神の字、当為や「神の律法」は、神の意志（1-20　意志作用的有）、仏の知恵になり（10）、自己自身を表現するものの立場、を知らないデカルトの自我の立場である自覚的立場のカントやマルクスやケインズは、デカルトの自我の立場と対象界になり、欲が支配的になった、神の創造がない「Egoの意志」、「デカルトの自我の知恵」になります。ゆえに、彼らの思考の底辺では、たとえ人間的に備わっている愛が働いても、欲が愛を退けて、欲が支配しています。

「神事」『神道が世界を救う』マンリオ・カデロ　加瀬英明　勉誠出版　166

頁

　そして、行為的自己の愛と欲との協調の行為が、これら
が、博士の言われる、「私と汝」、「意識と無意識」、「顕在意
識と潜在意識」で「神の字」が頭に浮かびますが、それは汝
が、もう一人の自分が頭の中に、空間面に映したものです。

　空間面に映し出された（時間面・動・無・静・空間面）
（私・動・無・静・神の字）（私と神の字）（私と対象界）が博
士の言われる「自覚的立場」で、私が、頭に、空間面に浮か
んだ神の字（時間面的形相限定・動・無・静・空間面的質料
限定）を認識、自覚（時間面・動・無・静・空間面）（私・
動・無・静・神の字）します。ゆえに統一された私と汝で、
それをなぞって、私と対象界、神の字を書くことができま
す。ここで博士が言われるように「自己（私）が自己（汝）（他
人）に対立するのである」、「私と汝」に、顕在意識と潜在意
識に分かれます。

　この一連の動作が「行為的自己」、私と汝（わたし）です。
対象とならない者、「汝→わたし」が対象、「私とわたし」に
なります。私と汝で空間面を見ながら神の字を書きます。私
と汝が統一されて自己になります。

　このことについて鈴木大拙博士は、

　　　此土（しど）（この世）において釈尊を中心とした会衆
　　（えしゅ）（私）が浄土（彼岸）を見るが如く、彼土（ひど）（彼
　　岸）の会衆（汝）によって此土（此岸）（私）が見られる。娑

46

婆 (私) が浄土を映し、浄土 (汝) が娑婆を映す、明鏡相照らす、これが浄土 (汝) と娑婆 (私) との連貫性あるいは一如性を示唆するものである、といっている。(鈴木大拙『浄土系思想論』拙著「場所」227頁)

と言われています。

また、パウロは、コリント人への第二の手紙で、

　3-17　主は霊 (心霊　西田) (霊性　大拙) (霊感　カール・バルト) である。そして、主の霊のあるところ (宗教的体験、NKZ6-370-5　環境的限定の場) には、自由 (主客合一) がある。
　18　わたしたちはみな、顔おおいなしに (私そのものを)、主 (霊) の栄光を鏡に映すように (心の内容) (当為) (無媒介的媒介) (明鏡相照) 見つつ、栄光から栄光へと (時間の方向) (非連続的連続) (心の作用)、主と同じ姿 (心の内容) (当為) に変えられていく。これは霊 (愛・協調・欲) なる主 (霊) の働き (三位一体) (質料・霊・形相) (場所が場所自身を限定する) によるのである (パウロもよくご存じでした)。

と言われています。

　このことは私の対象界が汝→私になりますので、私が鏡に映っているように見えますので、「明鏡相照らす」になります。試してみてください、あなたに神の字を見せている者、それはあなたということです。

　そして、難しい漢字だと、例えば「躊躇」なんかだと、多

くの方は記憶にないから空間面に、対象界に、頭に浮かびません。ゆえに、書くことができません。「自覚」ができません。

　神の字は記憶にありますが、博士の言われる「当為」は、何故かしら宗教体験の時にだけ、博士の場合は心霊に於いて現れ、それは自己の根柢にある「5-5　所与」（生得的に備わっているもの→ア・プリオリ）、阿頼耶識にあり、汝が示したものを博士は当為と言われました。それが神話的、宗教的には私の本質、私そのものでしょうか。マルクスは、自覚的立場と、自己自身を表現するものの立場、私と汝、行為的直観ではなく、「自覚的立場」、「2-12　知的直観」だけで、マルクスと対象界（時間面→動・無・静←空間面）に於いて、私と対象的に、マルクスと対象的に空間面に見えるものは「類」ですので、マルクスと類になり、マルクスと対象界、デカルトの自我と対象界になり、これは「単なる自覚的立場」、知的直観で、私と対象界であり、行為的直観、私と汝ではありません。ゆえにマルクスが、ご自身で対象界との疎外を、類との疎外を認めました。

　意識には意識と無意識が、顕在意識と潜在意識があり、それが統一されて意識、自己となりますが、マルクスは意識、顕在意識だけです。もしも、マルクスが「観想」に於いて、宗教的体験に於いて、マルクスに「類」を見せたもう一人のマルクスに、自己自身を表現するものの立場、無意識に気づいていらっしゃったなら、今日のような世界情勢になってい

ないと思われます。

　そして、類は彼と対象界になりますので、マルクスが「目的」と言って、ご自身で「欲」の出てくるところ、私と対象界を論じていらっしゃいます。

　ゆえに、欲が、「4-11　私欲　西田」が共産主義、暴力革命につながり、武田邦彦先生がよく言われる「力ずくの社会」、「力による支配」になりました。

　　「マルクスの『類的疎外』規定の検討」沢田幸治　神奈川大学学術機関リポジトリ　37頁より(32)

　　疎外された労働 (資本家・労働者) は人間から（一）自然 (生産物) を疎外し、（二）彼自身を、換言すれば彼自身の能動的なはたらき、彼の (本来自由であるはずの) 生活活動を疎外すること (資本家・労働者) (私と商品) によって、人間から類 (人間的主体　滝沢克己) (生産物) (物質) を疎外する。それは人間にとって類生活 (私と類、神) (精神的生活) を個人的生活の手段 (対象) (疎外) (方法) (私と商品) たらしめる。第一にそれは類生活 (私と類、神) と個人的生活 (私と商品) を疎外し、そして第二にそれは後者 (個人的生活) (私と商品) をそれだけとして切り離されたかたちで前者 (私と類、神) の —— 同じようにそれの抽象的 (主に於ける観想的) な、そして疎外されたかたち (私と対象界) での前者 (私と類、神) (超越的内在　西田) の —— 目的 (疎外ゆえそれを求める心) (私欲) (利己) (私と商品) (信仰) たらしめる。

滝沢克己・八木誠一『神はどこで見出されるか』三一書房　154頁より

　自己ないし絶対者に関して極力対象的思惟を排除する西田哲学をとおしてバルト神学に出会った筆者（滝沢克己博士）は、むしろ反対に、カール・バルトがかれ自身の信ずる神にかんして、きっぱりと対象と言うことを憚らないと言うことに驚嘆してきた。

　まさにその点にこそ、この根本の事実にかかわるカール・バルトの認識もしくは思惟方法の類いない確かさを見るからである。しかし筆者の場合それは、人間的主体（疎外した類）（当為　西田）を「対象的存在」と言い切って動じないマルクスの心眼の鋭さ・明らかさ（『経哲草稿』）に対する驚嘆と、深く通ずるものなのだ。

　　ここで理解できることはK・マルクス、カール・バルト、滝沢克己博士の立場は、行為的直観、私と汝ではなくて、知的直観で、私と対象界の「自覚的立場」になります。そして、神と呼ぶところのものとの関係を、バルトは「インマヌエルⅠ、インマヌエルⅡ」、滝沢博士は「第一義の接触、第二義の接触」、「不可分、不可同、不可逆」と言い表していらっしゃいます。師弟関係ですので、意味は同じです(11)。

　マルクスがご存じなところ、環境、場は、西田博士の言われる「自覚的立場」、（時間面→動・無・静←空間面）で、「自己自身を表現するものの立場」、私と汝が、それに、そこにあるはずの協調や愛が、慈悲や悲願がありませんので、自我に偏った見方、一つの見方、私と対象界、マルクスと対

象界、デカルトの自我と対象界になり「単なる自覚的立場」が、疎外ゆえそれを求める心に、「対象的存在　滝沢」を、対象界を希求する『目的』(私欲　西田)になりました。しかし、私と汝の、意識と無意識、顕在意識と潜在意識の、意識の根柢にあるのが阿頼耶識、「5–5　所与」です。マルクスは「自覚的立場」であり、マルクスの対象界が「類」ですので、デカルトの自我と類になり、意識は顕在意識だけで、無意識、潜在意識は、私と汝はそこにはありません。それに、博士の言われる生と死がありませんので「NKZ6-386-10　非連続的連続・無媒介的媒介」が内蔵する協調、愛、慈悲、悲願もありません。

　どうしてそんなことが分かるのかと思われるのは、当然だと思いますが、人は皆、意識の根柢は、阿頼耶識は同じなのです。博士は「所与」、パウロの言葉で言えば「エペソ1–22　教会」です。だから博士の書かれた論文が、宗教体験で、心霊で (西田)、霊性で (鈴木大拙)、観想 (K・マルクス(32))、霊感 (カール・バルト)、主で (パウロ) 所与にある当為に気づけば読めるようになります。幾つかの公案を解いた僕がそのいい例です。西田博士の論文は難しい、難解だと言われていますが、博士が、公案を解きなさい、と言われているにもかかわらず、

　　4–19　矛盾的自己同一の根柢に徹することを、見性というのである。そこには、深く背理の理というものが把握せられなければならない。禅宗にて公案というもの

51

は、これを会得せしむる手段にほかならない。拙著「場所」

　それに挑戦しないあなたが博士の論文を難解にしています。公案を解けば、当為に、種子（しゅうじ）に気づけば、素人の僕が、難解と言われている西田博士の論文をそれなりに読んでいますし、マルクスの「類」も理解できます。難しいと言われているパウロの書簡もそれで読めます。例えば、パウロの言われる「キリスト」は「神と被造物」です。だから西田博士が「5-13　内在的超越のキリスト→被造物→覚者」と言われたのです。また、「ロマ書1-1　キリスト・イエスの僕」の「キリスト・イエス」は、「神々と被造物」で、ここでは「神々」の僕で、「神々」です。そして自覚的立場と、自己自身を表現するものの立場が心の内容、「ロマ書4-17　無から有を呼び出される神」、無即有と、心の作用（静止画を一コマ一コマを見る映画と同じ）で、それを合わせて「世界的世界」、「場所的有」、質料→動・無・静←形相、絶対無、「自己」です。そして、ここで対象とならないものが、自己が自己の対象となります。「動・無・静」、「生・無・死」、「愛・協調・欲」を媒介として私と汝が、自分ともう一人の自分が、「欧米人は、人に心が二つあることを知らない。人とはどのようなものなのか分かっていない」と言われた岡潔博士の笑いカワセミのようにうるさい私という心と、無私の心が、二つの心が、ヲシテ文献のシヰとタマが、ユングの「第一人格と第二人格」、顕在意識と潜在意識に、意識、無意識に於いて成

立します。デカルトの自我では、自己が自己の対象となりませんが、意識と無意識、顕在意識と潜在意識に分かれて、お互いに対象となりました。ゆえに、自己、一つの世界が自己、一つの世界に対立し、その統一が、世界的世界が自己です。

　閑話休頭　一休みします　　(^O^)　(^_^)　(^-^)

　僕は、このあたりまで説明をした時に、西田博士は公案を解きなさいと、そうすれば理解できるよ、と言われていましたので公案を解くことが重要であると思っていましたが、ここまで来たのなら、この後は心理学の分野であると思います。意識と無意識で、顕在意識と潜在意識で説明しますので、僕は心理学の心得はありませんが（哲学もありません）、意識と無意識で十分ご理解を得ることができると思います。ご理解できないことは「霊」くらいであると思いますが、霊は、物質が生体となり、生体が物質となる「場所的切断」の、「主客合一」の働き、無媒介的媒介、心の内容、非連続の連続、心の作用ですので、僕の神話友達が言った「生かせたる」や、図式にある愛と欲との協調と覚えてしまえば、それでよいと思います。僕も、言葉にするとそれくらいの理解です。西田博士は、「完全なる自愛　アウグスチヌスの三位一体論」と言われています。もちろん公案を解いた方が良いし、公案の解の理解もありますが、最終的には、量子論と相対性理論が統一すれば理解できるのではないかと思っています(7)。

　閑話休題　「我々 (私と汝) が表現するもの (無) と表現せら

れるもの（有）との関係（超越的内在）」だけを取り上げると、それは先に述べましたように、「時間面→動・無・静←空間面」、自覚的立場であり、マルクスの論文を読むとわかりますが、時間面がマルクス、知的自己で空間面が類になります。マルクスが対照的に類を見ています（知的直観）ので、私と対象界になり、マルクスが自分とは対象界の汝（行為的直観）ではなく、対象界の、空間面の類を、知的自己が、デカルトの自我が、マルクスが類を、マルクスに疎外されたかたちで見ています（知的直観）。これはパスカルと同じで、「4-1　パスカルと貴いもの」、ここでは神と呼ぶところのものだと思いますが、それを見ています。ゆえに、類、西田博士が言われる「当為」、滝沢博士は「人間的主体　滝沢克己」が、「類」が、「神と呼ぶところのもの」があるにも関わらず、それを映した汝には気づかれてはいません。

　　　4-1　パスカルは、人は自然のもっとも弱きものたる葦にすぎない、しかし彼は考える葦である。彼を殺すには一滴の毒にて足りる、しかし全宇宙が彼を圧殺する（NKZ6-370-5　環境的限定の意義）（物体界）（コリント2-10-18　主の推薦）とも、彼は死ぬること（ロマ書4-17　無から有を呼び出される神）を知るが故に、彼を殺すもの（宗教的体験）（主の推薦）（物体界）よりも貴い、といっている。かく人間の貴いと考えられるゆえんのものが（パスカルと貴いもの）（超越的内在）（マルクスと類）（4-11　私欲）（利己）、すなわち人間の惨（みじ）めなるゆえんである。人世の悲惨は実にここにある

のである。

　ゆえにマルクスは、博士が「当為」と、神と呼ぶところの
もの、類について、それは私から「疎外」されている、と言
われたのです。マルクスにとって、疎外された「類」は、パ
スカルと同じように「欲が発生する」「対象的存在　滝沢」に
なるのです。ですから「目的」になり、その場には、環境に
は愛が、協調や慈悲、それに悲願がありませんでした。

　そして、「私と汝とのごとき、表現するもの（汝）（無）（1-20
意志作用的有）（1-14　作用界）と表現せられるもの（私）（1-14　対
象界）との関係（内在的超越）（私・非連続の連続・無媒介的媒介・汝）
（私・非連続的連続・無媒介的媒介・自己表現面的限定）（時間面的形相限定
→動・無・静←空間面的質料限定）（2-8　仏あって衆生あり・衆生あって仏
がある）（人はもともと仏である・神我らとともにいます）」は「自覚的
立場」、「時間面→動・無・静←空間面」と「自己自身を表現
するものの立場」、意識と無意識、私と汝で、時間面的形相
限定→動・無・静←空間面的質料限定、「三位一体」、「絶対
無」の働きで、構成されています。

　ですから、マルクス、私、「意識」が、何が彼に類を見せ
ているのか、見せていてくれるのか、見せるのか、私と汝、
もう一人のマルクス、「無意識」にその時に気づいたなら彼
は、私は類である、と言われたと思います。類との疎外は
出てきません。ゆえに唯物論は書かれなかったと思われま
す。ヘーゲルも、そこに、神と呼ぶところのものに論理的に
到達しようとしていたが、「5-9　自己疎外的精神」と言って

到達できなかったところに到達できて、「私は精神、心そのものである」と言われたと思います。だから、共産主義や暴力革命は出てきません。その場、死と生、絶対無、質料と形相の環境には愛や協調、慈悲に悲願が、「生かせたる　神話友達」がありますので、聖徳太子、厩戸皇子の言われた、和を以て貴しとなす、が出てきます。そして、私と汝（私）の統一が自己なので、主客未分であり、思いやりも出てきて、それらが神武天皇の、物質即精神なる神が住まわれている家、八紘一宇、一つ屋根の下、「ロマ書11-15　世の和解」となります。(31)

　マルクスが汝に、もう一人のマルクスに、無意識に気づかれたなら八紘一宇の精神、日本の国体を論じられたのかもしれません。また、ヘーゲル (1770〜1831) も、マルクス (1818〜1883) に、「宗教は、人間的存在 (類) が (疎外、外化され) 真の現実性 (神の創造) をもたないがゆえに、人間的存在 (類) を空想的に現実化 (創造) (5-9　自己疎外的精神　ヘーゲル) することである」(「マルクスにおける疎外論の発展〈１〉」岩淵慶一　133頁)、と、こんなことを言われなくて済みます。

　西田博士は「自己愛」のカントについても、

　　十九世紀以来、世界は、帝国主義の時代 (4-11　私欲) (私と対象界) たると共に、階級闘争の時代 (対立) (無慈悲) (利己) (私欲) でもあった。共産主義と云うのは、全体主義 (利己) 的ではあるが、その原理は、何処までも十八世紀の個人的自覚 (カント) (1724〜1804) による抽象的世

界理念 (私と素材と援助) (私と対象界) の思想 (グローバリズム) (共産的世界主義) (新・共産主義、ポリティカル・コレクトネス　馬渕睦夫) に基くものである。思想としては、十八世紀的思想〔カントと悟性概念〕(私と悟性概念) (私と対象界) の十九世紀的思想 (マルクスと類) (1818〜1883) (私と類) (私と対象界) に対する反抗とも見ることができる。帝国主義的思想 (私と対象界) (私と他者) (私と人格神) (私欲) (民族自己主義) (主人と奴隷) と共に過去に属するものであろう (どちらも私と対象界です) (過去に属するとは、西田博士は「アウグスチヌスの三位一体論」を論証されましたので、博士の三位一体論が最古で最新です。馬渕睦夫先生や水島総先生が日本の国体に還る、復古を言われる所以です)。〔　〕加筆しました。

また、次のように、

　我国の八紘為宇 (八紘一宇) の理念とは、此の如きものであろう。畏 (かしこ) くも万邦をしてその所を得せしめると宣 (の) らせられる。聖旨 (せいし) も此にあるかと恐察し奉る次第である。十八世紀的思想 (カントと悟性概念) (私と対象界) (私欲) に基く共産的世界主義も (新・共産主義、ポリティカル・コレクトネス　馬渕睦夫) (グローバリズム) (私と対象界) (カントと悟性概念) (1724〜1804) (帝国主義)、(マルクスと物質、類) (私欲) (1818〜1883) (共産主義) (主人と奴隷)、此の原理に於て解消せられなければならない。拙著「世界新秩序の原理を読む」

と言われています。

　マルクスと対象界、空間面にあるものは「類」であり、カントの対象界、空間面にあるものは、素材と援助→悟性概念です。そして、キリスト教の信者の対象界には、神様との契約ですので、人格神があります。私と対象界は、主観と客観になりマルクスの言う対象界の「疎外された類」やケインズの生チーズの月が、貨幣が「目的」と、「欲望の対象」となるところで、四者とも私と対象界であり、「私欲」の「欲望」の発生する場所です。

　最近、NHK BS1の「欲望の資本主義　2022夏特別編　メタバースの衝撃」や「2023逆転のトライアングルに賭ける時」、でＪ・Ｍ・ケインズも知りましたが、ケインズに於いても、ケインズが、人々が見ている「月」、すなわち貨幣は欲望の対象であり（酒井克彦氏 HP Kaikei Zine より）、ここでもマルクスが、私と対象界の「類」を「目的」、欲と言ったように、ケインズも、彼の言われているようにケインズと月、貨幣、お金などに私と対象界に於いて「私欲」、「欲望」が発生しました。

西洋の思考は「エレミヤ書2-12　主を捨てた」ので、出自に還る宗教体験を捨てたので、神話的、宗教的にここまでしか知らない

　西洋の思考は神話的、宗教的にここまでしか知らないの

です。「私と汝」を、顕在意識と潜在意識を、「二つの心　岡潔」を、「タマシヰ　ヲシテ文献」を、ユングの「第一人格、第二人格」を知らないのです。私と神様との契約である宗教は、対象界に神がいらっしゃって、私と対象界の、時間面→動・無・静←空間面の立場だけで、「自覚的立場」だけで、神話的、宗教的に、生と死を、愛と欲を知らない、協調を、利那を知らない意識で成立しています。デカルトの「我」しか、「自我」しか知らないのが西洋の、外国の、日本以外の国の思考で、主観、客観からしか、「4-11　私欲」からしか出発することができないのです。カントも、カントの対象界に悟性概念がありますので同じです。

　ですから、そこには慈悲、悲願、愛や協調がありません。あるのは西田博士の言われる「2-1　外を内に映す」、「内、時間面・動・無・静・空間面、外」、「4-11　私欲」、欲望、主観と客観だけです。

　マルクスの論文を読んでみてください。ここにいるのはマルクスの顕在意識、デカルトの自我だけです。

　「マルクスの『類的疎外』規定の検討」沢田幸治　神奈川大学学術機関リポジトリ　37頁
　　自然は人間（心と体）の非有機的な体（類）（物質）である。つまり、それ自体が人間の身体なのではないかぎりでの自然はそうなのである（物質即精神なる神の、人間の喪失）。人間は自然（物質）（類）によって生きるということは、自然（類）は彼の体であって、死なないために人間

はこの体といつもいっしょにやっていかなければならぬということである。人間の肉体的および精神的生活（私と物質）（私と類、神）（ヘーゲルは自己疎外的精神）が自然（物質）と繋がっているということは、自然（身体）が自然自身（物質）（物体界、主に於いて観想する対象界、物質界、類）と繋がっていることを意味するものにほかならない。けだし人間は自然（物質）（類）の一部だからである。

　彼らは、西田博士の言われる「共産的世界主義　西田」(33)者であり、「新・共産主義、ポリティカル・コレクトネス　馬渕睦夫」であり、私と対象界、マルクスと類、カントと悟性概念である時間面→動・無・静←空間面の立場だけで、「自覚的立場」だけで、デカルトの言う「自我」だけで意識が成立しています。意識には顕在意識と潜在意識がありますが、彼らは、神話的、宗教的に所与、C・G・ユングの集合的無意識、潜在意識における阿頼耶識を、無意識を知りません。彼らは主観と客観で心が構成されています。
　（この辺りの事情を、旧約聖書のエレミヤやエゼキエル、新約聖書のパウロが言及されたところで説明します(12)）。
　次の方々も、ヘーゲル、カール・バルトや滝沢博士が、ご自身の体験に於いて、図らずも証明された汝の、第二人格の、もう一人の自分の存在をご存じないのです。気づかれていないのです。生と死を、愛と欲を、神話的、宗教的に知らないのです。私と対象界から出てくる、ケインズが分かりやすく説明してくれたように、「欲」しか知らないのです。彼

らは「主客の両観」から始まる事しかできないのです。だから宗教的、神話的に愛を知らない、欲しか知らない彼らが、ディベートで、欲が絡んだ論戦をすれば相手を、手段を問わず論理で打ち負かす、耳障りが良い、耳に心地よい、そして、実現しそうもない美辞麗句を並べ立てて、強欲が絡んだ（商品の白々しい宣伝がYouTubeで、2023年現在、見かけるようになりました）論戦をします。このような、相手をどんな窮地に陥れても、自己の利益を優先する、また、意味を取り違えた選民思想も加わって、生得的にある愛で言い繕い、より利己的な人間を作ろうとする、空しすぎる議論(13)をするのだったら、この場に「愛」を入れて、愛と欲との、利他と利己の協調において、以和為貴において意識について論戦してみてください。欲が心に馴染んだ方々でも、愛と欲との、利他と利己の協調に於いて考えれば、渋沢栄一先生の「論語と算盤」で、天照大神と国譲りをされた大国主命が転じてなった恵比寿様と大黒様との協調で、話し合いで考えれば、やがて実りある結論が出てくると思います。

　閑話休頭　　(^-^)　(^o^)　愛と欲、生と死、生体と物質、脳みそと物質のように、乖離したもの、「NKZ6-347-4　場所的切断」をしたものが働くためには協調しかないと思われます(26)。そして、その働きを助けるものが協調であり、以和為貴が出てくると思われます。

　閑話休題

　考えてみてください。あなたが神の字を書こうと思って、頭の中に、空間面に神の字が浮かんだ時点で、私と汝が、見

る意識と映す意識が成立し、そこは主客未分で、愛と欲との協調に於いて当為や賜物、神の字が出てきます。そして、この汝や第二人格の存在は、ヘーゲルたちが図らずも証明してくれました。また、私と汝にならなければ字が書けませんし、意志（当為）も表すことができません。そのことに気づけば、私と汝、意識と無意識、第一人格、第二人格、タマシヰ、主客未分が理解できて、やがて充実した時間が持てるようになると思います。

　外国の方は私と対象界から、「欲」から、利己から出発しますが、日本人は主客未分から、私と汝の協調から、「愛」から、明鏡相照らすから出発します。ですので、赤の他人が自分自身であると思いがちになり、連帯感が生まれますし、「空気を読む」もこの辺りから出てくるのでしょうか。誰かが「阿」と言えば「吽」と誰かが応えるのでしょうか。また、馬渕睦夫先生が言われていたアメリカ大統領トランプさんの国連演説が理解できるようになると思います。これらのことは、西田博士が、『世界新秩序の原理』の終わりの方で「世界状勢は世界が何処までも一とならざるべからざる」と言われた理由です。彼らは主客の両観からしか始まることができないのです。でも気づいてください。先に述べましたように、ヘーゲルやカール・バルトらが汝を、もう一人の自分を証明したように、あなたが「神の字」を、「ばら」を、「薔薇」と、ご存じであれば、書けるように、人種を問わず、誰でも主客未分から、私と汝から始まっています。

　グローバリスト、「共産的世界主義」者、「新・共産主義」

者は、神の意志、仏の知恵がない、神の創造がない、神が不在の「自覚的立場」だけで、欲で、「私欲　西田」で、愛と協調、慈悲と悲願を退けた「自我」で、私と対象界で「利己的」に、Ego の意志、自我の知恵で「自己中心的」に、主観と客観で行動しています。パソコンで言えば基本ソフトが、神の創造がない、神様がお留守の私と対象界の「欲」です。国際機関に影響を与えるある人たちは、欲で汚染された心に悪魔を住まわせていらっしゃって、神が不在の両観で「悪事」が平気で行われて、「悪事」が横行しています。そして、人の弱みに付け込んで美辞麗句、甘言などを並べ立てたりして、また、分断を図り、対立を発生させ、最終的には、彼らの「欲望」が確実に実現できるように『立法化』を目指しています。よろしかったら、馬渕睦夫先生の講義を YouTube で勉強してください。

　そして、日本人は基本ソフトが「協調」です (26)。恵比寿様と大黒様の協調です。ですから、多くの日本人は「正直でお人好し」です。良心 (NKZ6-368-9　物質即精神なる神) に従って自主的に、自らを律し、判断しますので、外国の方が、江戸時代に日本で経験されたような、正直でお人好しの民度になります。

　　1-1　人は何人も自己は良心を有 (も) たないとはいわない。もし然 (しか) いう人があらば、それは実に自己自身 (NKZ6-368-9　物質即精神なる神) を侮辱 (ぶじょく) するものである。拙著「場所」

ゆえに基本ソフトが「欲望」の人たちは、神の意志、仏の知恵が、和を以て貴しとなす、がないので神の意志に、仏の知恵に背き、対立が生まれて争いの原因になります。マルクス・ガブリエル教授の言われたとおり、ニンジンを目の前にぶら下げられた馬のように、ニンジンを手に入れるために走り続ける馬のように、馬とニンジン、私と対象界、「私欲　西田」の発生する自覚的立場、時間面・生・無・死・空間面、だけでは、生得的にある欲が愛を退けてしまって、いつまで経っても「欲望の奴隷」、グローバリスト、国際的共産主義者で、西田博士の言葉で言えば「共産的世界主義　世界新秩序の原理」者で(33)、そこから抜け出せません。

　しかし、エデンの園にいたアダムが、イブと共に神の言いつけを破ってリンゴを食べてしまい、神に働くように促され、働いて「創世記3-22　善悪を知るもの」になったように、自分が働けば、そこには愛、慈悲、「生かせたる　神話友達」があり、対象界に神からの贈り物、神の賜物を、当為を手にすることができ、手にしたものは神話的に、宗教的にはあなた自身、当為であり、それが賜物、報酬で、神事ですので、会社にお勤めの場合は、それが対象界の会社にある当為であり、賜物、報酬で、愛や協調の証ですので、経営者、「正直でお人好しの経営者」、「ロマ書1-1　キリスト・イエスの僕」によって公平に分配されます。そして、アダムのように汗水たらして働けば、あなたの対象界のある収穫物が、ケインズの立場である、欲望が発生する「ケインズと月、貨幣」の自覚的立場だけではなく、自覚的立場と自己自身を表現するも

64

意識に於いての「シネ・クワ・ノン」 必要十分条件とは

のの立場となり、神からの賜物を手にすることができ感謝が生まれます(18)。ゆえに欲望のソフトが協調のソフトに次第に変わって、変化してゆき、アダムのように「創世記3-22善悪を知るもの」に次第になってきます。それから、欲が、欲望が議論の対象となり、議論の帰結が、神に選ばれたという意味を取り違えた選民意識を持った欲望へ帰着、帰結するディベートに、神話的に愛を知らない人は、生得的にある愛を加味して議論すれば、渋沢栄一先生の「論語と算盤」や、「道徳経済合一説」に、商売繁盛の神様の蛭子様と大黒様になってくると思います。

　このことは、公案を解く方が一番いいのですが、説明しますと、時間面と空間面、生体と物質、生と死、愛と欲との協調であり、「霊」に、「生かせたる　神話友達」に於いて、愛と欲との協調に於いて創造が始まり、以味為貴が出てきます。また、「NKZ6-347-4　場所的切断」における、脳みそに於いての生体と物質の相互限定ですので、生と死の、生体である時間面と物質である空間面の、質料と形相の無を媒介とした相互限定であり、時間面が空間面に、空間面が時間面に、質料が形相に、形相が質料に限定されて(17)、場所的切断に於いての愛と欲との協調に於いて、「生かせたる　神話友達」において、霊によって創造が始まります。その結果、創造物のあなたが今ここに存在します。

　公案を解くことができない方はこの説明で、三位一体の霊は、生体と物質の相互限定を司っていますので、「生かせたる　神話友達」、と覚えてしまえばそれでよいと思います。で

65

も、公案は、アウグスチヌスが、彼の論文の最後のほうで言っているように、老若男女を問わず誰にでも解けると、僕は思っています。

　また、エレミヤの時代から、多分もっと前の時代から、欲の発生するデカルトの自我と対象界で過ごしてきた方々にとっては、パウロが「ロマ書1-16　私は福音を恥としない」と述べていらっしゃるように、その福音、宗教体験が恥であるという風潮があったようで、その当時、ユダヤ教徒であったパウロの目の前で、石で打たれたステファノはとても残念でした。ご存命であれば、改宗した後のパウロと手を組むことができたのに。

　西田博士がキリスト教について論じていらっしゃいます。またパウロも、バチカンの前身であると思われる知者たち（5-12　俗権）について述べていらっしゃいます。エレミヤやエゼキエルは前述したとおりです。

　　　5-10　わたしは、ここにおいて、私の立場から、宗教（行為的自己）と文化との関係を明らかにしておきたいと思う。宗教と文化とは、一面に反対の立場に立つと考えられる。今日の弁証法神学というのは、反動的に、この点を強調する。しかし、私は、どこまでも自己（1-7　時間面的空間的世界）（我）（私）（自己）（無）否定に入ることのできない神、真の自己（無）否定を含まない神は、真の絶対者ではないと考える。それは鞫く神（罪を問う）（人格神）（キリスト教）〔2-9　主語的超越的に君主的 Dominus（主　電子辞書）

なる神〕であって、絶対的救済の神ではない〔2-14　最低の質料（極悪人までなり下がった被造物）を形相化する（救う）ものでなければならない〕〔浄土真宗〕。それは超越的君主的神（心の外）（我々の外）にして、どこまでも内在的（インマヌエル）（仏あって衆生あり、衆生あって仏がある）なる絶対愛の神（慈悲、悲願）（共生）（利他）（述語的場所）ではない。絶対者の自己（場所）否定即肯定（ノエシス）（心の作用）的内容（ノエマ）（有）（心の内容）として、真の文化（宗教）（学問）（5-7　歴史的社会）というものが成立するのである。我々（私と汝）人間（被造物）の立場からいえば、我々の自己（私と汝）が自己（私）否定的に、自己の中に自己（自我）（私）を越えるもの（私と汝）（自分ともう一人の自分）において自己（私・汝）を有ち、歴史（八八、百八）的世界（人間）の自己（場所が場所自身を限定する）（時間面的自己限定・生・無・死・空間面的自己限定）形成作用として働くところ（2-7　無が無自身に対して立つ）（意志作用的有）（時間面・生・無・死・空間面）に、真に客観的にして永遠なる文化内容（宗教）（学問）（歴史的社会）を見るのである。

　2-9　主語的超越的に君主的 Dominus（主　電子辞書）なる神（人格神）は創造神ではない。創造神は自己自身（質料・無・形相）の中に否定（無）を含んでいなければならない。しかざれば、それ（君主的、Dominus なる神）は恣意（論理的に必然性がないさま　電子辞書）的な神たるにすぎない。

5-13　幸いにも（ナザレの）キリストがこの世を去る時、その仕事をローマ法王（5-12　俗権）に引き渡した。今になってその権利を奪う訳にはゆくまい。拙著「場所」

2-13　ロマ書1-25　彼ら（知者達）（バチカンの前身と思われます）は神の真理（ロマ書1-20　神の見えない性質）（ロマ書4-17　無から有を呼び出される神）（無即有　西田）を変えて虚偽とし、創造者（無から有を呼び出される神）の代りに被造物（ナザレの覚者、主イエス・キリスト）を拝み、これに仕えたのである。創造者（ロマ書4-17　無から有を呼び出される神）こそ永遠にほむべきものである、アァメン。

大和魂　大和の心

　閑話休頭　(>_<)　(^O^)　(^-^)　馬渕睦夫先生に大和魂を教えてもらいました。僕は、最初、あまり意味が分かりませんでしたが、何度も読んでいるうちにこれぞ日本人、大和人の心だと思いました。

　敷島の　やまと心を人とはば　朝日に匂う山ざくら花
　　　　　　　　　　　　　　　　　　　　　　本居宣長
　花より明くる　み吉野の春の曙見渡せば　もろこし人も
　　高麗人も　大和心になりぬべし　　　　　頼山陽
　敷島の　やまと心の雄々しさは　ことある時ぞあらわれ
　　にける　　　　　　　　　　　　　　　　明治天皇

意識に於いての「シネ・クワ・ノン」 必要十分条件とは

閑話休題　欧州に於いては、このようなことが、今日まで、何千年もの間続いており、この状態から、マルクス・ガブリエル教授の言われる「欲望の奴隷」から抜け出すことは不可能であると思われますが、ノエシスに、心の作用に、非連続的連続に愛が作用すれば、欲で汚染されている作用界を、時間面を、私を、自分を愛で浄化すると、欲を退けると抜けだすことができると思います。それが、馬渕睦夫先生に教えてもらった、2019年トランプ大統領が行われた「愛」のある国連演説や、前述の歌であり、石平先生に教えてもらった「論語」、「愛」であり、渋沢栄一先生の「論語と算盤（ソロバン）」、「愛と欲」であり、愛の領域の「自愛の主体　ァウグスチヌスの三位一体論」の天照大神と、「外を内に映す」、欲の領域の「自知の主体　アウグスチヌスの三位一体論」の国譲りをされた大国主命が転じて、商売繁盛を願う恵比寿様、蛭子様と大黒様であり、神武天皇の御勅令「八紘一宇」、「八紘為宇」になり、あとで説明しますが、天皇の新嘗祭（伊勢神宮の神嘗祭）の儀式になります。西田博士の言葉で言えば「場所が場所自身を限定する」になります。

そして、ユダヤ普遍主義と馬渕睦夫先生がよく言われるのは、その論理を提唱された方、預言者が、彼が見た「もの」を、Ｋ・マルクスと同じように、マルクスの場合は「類」ですが、「類」をマルクスと同じように「疎外」、「対象的存在滝沢克己」として、ヘーゲルの場合は「5-9　自己疎外的精神」として見たからです。ですから、マルクスと同様にその場に

は慈悲や悲願、愛や協調がありません。あるのは、それを手に入れようとする人間の「私欲 西田」、馬の目の前にぶら下がったニンジンだけです。

そして、「マルクスは、共産主義革命は資本主義経済の最も進んだ国で起こるものだとし、資本主義社会から社会主義社会そして共産主義社会と進むことは歴史的必然であると言った。Wikipedia」そうですが、私と対象界の、神の創造がない、神仏が不在の、自己自身を表現するものの立場が考慮されていないデカルトやカント哲学なら、我田引水的な、そのような考えも出てくるかもしれませんが、顕在意識だけでは、デカルトの自我だけでは、私と対象界の、時間面→動・無・静←空間面、の自覚的立場だけでは、神の創造が、「生かせたる 神話友達」がない「Ego の意志」、「自我の知恵」ではシネ・クワ・ノン、必要十分条件にはなりません。だから社会の、世界の共産化が「歴史的必然である」という、こんな的外れな偏った考えが出てきます。マルクスの論理では、正直者のお人好しになれません。彼の論理では、「共産的世界主義 西田」では我々は「欲望の奴隷」になり、格差社会や隷属社会が生まれ出て、平等社会の構築は不可能です。「賞味期限が切れた民主主義 馬渕睦夫(25)」

意識には顕在意識と潜在意識、意識と無意識、「自覚的立場」と「自己自身を表現するものの立場」が、時間面→動・無・静←空間面、時間面的形相限定→動・無・静←空間面的質料限定、私と汝が、「シネ・クワ・ノン、必要十分条件」

であり、これを忘れては不完全です。目の前にニンジンを吊るされた馬はそれを手に入れようと走り続け、マルクスの類、「対照的存在　滝沢克己」、目的、ケインズの月、貨幣を欲しがる馬や人しか出てきません。ですから私と対象界の「自覚的立場」だけでは、デカルト、カントの哲学では、私と対象界の人たちは、マルクス・ガブリエル教授の言われる通り、「欲望の奴隷」です。そこからいまだに抜け出していません。西田博士もそのところを、

　　　十八世紀的思想（カントと悟性概念）（私と対象界）（4-11　私欲）に基く共産的世界主義も (33)（新・共産主義、ポリティカル・コレクトネス　馬渕睦夫）（グローバリズム）（私と対象界）（カントと悟性概念）（1724〜1804）（帝国主義）、（マルクスと物質、類）（1818〜1883）（共産主義）（主人と奴隷）（私欲）、此の原理（八紘一宇、八紘為宇）に於て解消せられなければならない。拙著「世界新秩序の原理を読む」

と言われています。

　ですから、最近、欧州やアメリカ、特にアメリカが、「共産的世界主義　西田」、「新・共産主義、ポリティカル・コレクトネス　馬渕睦夫」、グローバリズム、「左傾化」、「共産化」したようなことが言われていますが、このあたりの消息です。今のアメリカと中国を見れば分かりますが、彼らの目的は同じです。

「マルクスにおける疎外論の発展（１）」岩淵慶一『立正大学文学部論叢』52，129-149，1975-03-20を読んでみてください (32)。

134頁　それゆえ、（心霊、観想に於いて）真理の彼岸（神の創造）が消えうせた（超越的内在→私と類、神の外化、神との疎外）以上、さらに此岸（この世）（現世）の真理を確立することが、歴史の課題である人間の自己疎外（私に対する類、神）の神聖（彼岸の）な形態が（主に於ける観想に於いて）あばかれた以上（人は非創造物である）、神聖でない（此岸の）諸形態における自己疎外（資本家・労働者）をあばきだすことが、当面、歴史に奉仕する哲学の課題である。こうして天上の批判（疎外）（対象）は地上の批判（疎外）（対象）にかわり、宗教の批判は法の批判に、神学の批判は政治の批判にかわるのである。（宗教が、物質即精神なる神が、真如が、人間が、自律が、人格が否定されています）

　マルクスが、「真理の彼岸（神の創造）が消えうせた」と言って類を、霊的世界が映し出した物質的世界を、私と汝ではなく、疎外と言って、マルクスと対象的に論じています。ゆえに、人格神であるキリスト教も、信者と対象界、信者と人格神に、信者と人格神との疎外ゆえそれを求める心、「民衆の阿片である」と言われて否定されています。（キリスト教は神との契約ですが、マルクスの場合は心の中に対象的にいらっしゃいます）ですから私と対象界が、「私欲」がここ

72

で具現化して、「私の目的」になります。ここで『利己』が、所有の意識が、「自我」が、「主語」が「主観と客観」が確立します。

　ゆえに、自らを律するものである愛、「所与　西田」、当為、「教会→蔵　パウロ」、阿頼耶識の内容、種子 (しゅうじ) が欲で退けられて、自律心が失われ、暴力革命が出てきました。これで、グローバリストの心が説明できます。ここにはキリスト教、パウロの言う神の祝福、福音はありません。愛、協調、慈悲、悲願もありません。あるのは馬の目の前に吊るされたニンジン、「目的　マルクス」、「欲望の対象→貨幣 ケインズ」、「私欲　西田」だけです。

（西田博士が「善〈心の作用・心の内容〉〈宗教〉とは一言にていえば人格の実現である」と言われていますが、マルクスとカントが心を占めている彼らの、心の作用と内容を見れば、やはり「グローバリスト」ですね）

　そして、K・マルクスが「真理の彼岸 (神の創造) が消えうせた」と言われましたが、彼は顕在意識、自己が自己の対象とならない自我だけで対象界を見ましたので、そのようになりましたが、顕在意識、意識と潜在意識、無意識で、私と汝で意識を、心を見ないと、意識に於いて「シネ・クワ・ノン」に、「必要十分条件」になりません。また、博士の言われる「終極の理念」がなんであるのか、馬渕睦夫先生の言われる「もともとある完璧な世界」が理解できません。

　私と汝の関係は非連続の連続、無媒介的媒介であり、そこには協調、愛、慈悲、悲願があります。ゆえにマルクスが観

想された時、またはその後でも無意識に、類を見せているもう一人のマルクスに気づかれたなら、わたしは類であると言われると思います。ヘーゲルも、自己疎外的精神の疎外が取れて、愛の領域「自愛の主体」、主客合一になり、私は精神そのもの、心そのものであると言われたと思います。ゆえに「真理の彼岸（神の創造）が消えうせた」なんて言われません。私と汝で心を見れば、「真理の彼岸（神の創造）」はあるのです。非連続的連続・無媒介的媒介には協調、愛、慈悲、悲願が、「生かせたる　神話友達」がありますので、共産主義や暴力革命は出てきません。出てくるのは、場所が場所自身を限定する、における聖徳太子の、和を以て貴しとなす、や思いやりが出てきて、それらが「八紘一宇」、「世の和解」となります。神の創造はあるのです。いかがでしょうか。

　神の創造物でありながら神の言いつけに、命令に、仏の知恵、神の意志に背いて自分勝手にリンゴを食べて、他人の賜物を食べてしまったアダムのように、グローバリスト、「共産的世界主義」の方々、「新・共産主義、ポリティカル・コレクトネス　馬渕睦夫」の方々、あなた方も神の創造物です。「物質即精神なる神　西田」によって創られています。

　神の創造物が神の意志に、仏の知恵に、アダムのように背けば、人のものを勝手に食べれば、罪が発生します。ぜひご自分で作って、または稼いで、つまり働いて、ご自分の労働の賜物、報酬で食べてください。キング牧師が言われたように「どんな労働にも尊厳があります」マイケル・サンデル『実

力も運のうち』早川書房　299頁。聖書に書かれているアダムと同じ過ちを犯さないでください。アダムは神の言いつけに背いてリンゴを食べてしまいましたが、ある金持ち集団や貴族のアダムの方々や、欲でシオニズムに便乗したディープステートのアダムたちは、残念ですが、ここの人たちは「エレミヤ書2-12　主を捨てた」ので、宗教的体験を捨てたので、自己の出自に還ることをしないので、神話的に、愛を、アブラハムが信じた「ロマ書4-17　無から有を呼び出される神」、「無即有　西田」をご存じではないし、人間的にも愛を知らない人たちです。世界の富を自分たちの管理下に置こうとして、欲の発生する自覚的立場の金持ち集団や、貴族たちで決めたことを、「共産的世界主義」者、グローバリストたちが決めたことを、国際機関などで政治的宣伝を行い、政治的に格差社会を助長し、富の搾取や収奪を行い世界の支配者、盟主となろうとしています(28)。

　私と対象界では、愛がないと、つまるところ、人間的にもある欲が愛を退けて心に悪魔を住まわせ、悪事を、いとも簡単に、他人の迷惑をも省みず、人権を、人の尊厳を、夢を、命を奪ってまでも、悪魔の意向に従って実行してしまいます。最初のうちは尤もらしく愛を以て語りかけ、隠れている欲を見えなくして、人に語りますが、国際機関などが発する政策などは、よくよく考えれば、その道は善意で舗装された地獄への道で、欲の世界観です。

　彼らの結論は私と対象界であり、欲しか知らない、愛を知らない世界観の人たちで、欲で心に悪魔を住まわせて、悪魔

の城を築き、地獄への道を、初めのうちは善意で舗装して、多くの方を惑わして、多くの方の夢を奪って、命を危険にさらし、ある時は何の躊躇もなく命を奪い、王になっても、何の意味があるのでしょうか。あなたは、無神論者ですか。共産主義者ですか、「共産的世界主義」者(33)ですか。欲望の奴隷ですか。そうです、あなたはこの通りなのです。このような方々が、日本の中枢にもいらっしゃいます。

　あなたはそのような人間ですか。違いますよね。場所が場所自身を限定する、と言われているように、私と汝にならなければ字が書けない、意志を表すことができない神の創造物、物質即精神なる愛と欲とが媒介している人間、大和人だよね。

「欲望の奴隷」も、字を書くことができますので、愛と欲との協調が、場所が場所自身を限定する、が働きますので、「欲望の奴隷」にも愛があります。これに、公案を解くか、それともアダムのように働いて、「欲望の奴隷」に気づけば、悪行は治ります。

　　　愛（愛の領域）（自愛の主体）を以て自己（神の字）（当為）（形相）を知らんとする（書こうとする）精神（心）（時間面的形相限定・愛・協調・欲・空間面的質料限定）（時間面的形相限定・生・無・死・空間面的質料限定）は既に自己（神の字）（時間面・生・無・死・空間面→神の字、当為）（欲の領域）（自知の主体）を知り居るもの（書くことが出来るの）である。「アウグスチヌスの三位一体論」

神の創造物が、「物質即精神なる神 (真如)」に背神行為を
してどうするのですか。ご自分を、自己の存在を否定してい
らっしゃるのですか。直ちに悪事をやめてください。主観客
観の両観から、私と対象界から、欲望から出立するから、悪
事に手を染めてしまうのです。聖書のアダムと同じ過ちを犯
さないでください。ぜひとも、愛と欲とを発揮して、協調し
て、武士の心を支える大和人の心を掴んでください。恵比寿
様と大黒様、天照大神と大国主命の協調、以味為貴ですの
で、そんなに難しいことではないと思います。また、ご自分
で家庭菜園を、新嘗祭をしてください。「創世記3-22 善悪を
知るもの」になってください。あなたは「物質即精神なる
神」の創造物、人間です。

神話的、宗教的に愛を知らないアダムたちは、欲が絡んで
いてお人好しではないから、必ず、対立が起きて反目しあ
い、最後には力ずくの争いが起き、以和為貴のお人好しの世
界や、協調の社会、「安住の地」は何処にも見つかりません。
神の創造、「生かせたる 神話友達」がない Ego の意志、自我
の知恵では、そこに対立があるだけです。最終的には「力ず
くの社会 武田邦彦」の世界観が残るだけです。今日の世界
情勢そのものです。しかし、「物質即精神なる神」が住まわ
れている家は、「八紘一宇」は、「世の和解」は、「エレミヤ書
2-11 栄光ある / 益あるもの」なのです。そこが安住の地で
す。

どのようなことが善なのか、どのようなことが悪なのか
知った、「創世記3-22 善悪を知るもの」になった、現代のア

ダムになってください。理想郷は、安住の地はあなた方の心の中に、「物質即精神なる神」と呼ぶところのものが創造された創造物の心の中に、その心を映した日本の国体にあります。日本神話における天照大神に、愛に、国を譲られた大国主命、欲、愛と欲との協調に於いて、伊勢神宮（天皇陛下）と出雲大社（征夷大将軍）の協調において、私と汝において日本の国体が成立しています。また、神仏の賜物は神話的、宗教的にはあなた自身、当為、神の字です。このことは、次に出てくる加瀬英明先生とマンリオ・カデロ先生の対談で話された「神事」(18) です。ここに差別はありません。高天原の神々も田んぼを耕して稲を育てていらっしゃいます。

『Renaissance「日本」とは何か「日本人」とは何か』監修　田中英道　85頁

　公案を幾つか解けば、宗教的体験をすれば分かりますが、別の方法でもそれなりに理解できます。

　天皇陛下が、国民と国家との、安寧と安泰を願われる新嘗祭のところで、説明をしますが、グローバリスト、「共産的世界主義　世界新秩序の原理」の方々も家庭菜園をされて、収穫物を、神の賜物を手にしてみてください。そして、それを天皇陛下と同じように食（しょく）してください。いかがでしょうか。家庭菜園は新嘗祭と同じです。アダムのように額に汗をして働けば、神の賜物を、収穫したものを手にすることができ、神の賜物に、収穫したものは「私と対象界」ですが、ケインズのような「欲望」ではなく、感謝が生まれてきっと自律心が、愛が育つと思います。人はアダムのように「創世記3-22　善悪を知るもの」になります。

意識に於いての「シネ・クワ・ノン」 必要十分条件とは

　家庭菜園や、労働は神事ですが、本当に残念ですが、「エ
レミヤ書2-12　主を捨てた」、宗教的体験を捨てた現代のアダ
ムたちも、顕在意識と対象界、自我と対象界、顕在意識と
類、顕在意識と物質、自我と人格神しか知らないのです。
「4-11　私欲」の発生する、マルクスと対象界、マルクスと
目的しか、ケインズと月、貨幣しか、「4-1　パスカルと貴い
もの」しか、カントと悟性概念しか、デカルトの自我しか、
馬の目の前に吊るされたニンジン、馬と人参しか、私と人格
神しか知らないのです。神の福音、祝福、愛、協調、慈悲、
悲願を神話的に、宗教的に知らないのです。岡潔博士の二つ
の心、西田博士の私と汝、ヲシテ文献のシキとタマ、「タマ
シキ」、顕在意識と潜在意識＝阿頼耶識、意識と無意識＝集
合的無意識を知らないのです。それに、そこに、私と汝が、
「NKZ6-386-10　非連続的連続と無媒介的媒介」が、心の作用と
心の内容が蔵する愛、協調、慈悲、悲願についても、生と
死「生かせたる　神話友達」についても、キリスト教（パウロ）
が言う神の祝福、福音、主についても、神話的、宗教的に知
らないのです。そして、このことがパウロの言われる「ロマ
書11-15　世の和解」が成し遂げられていない理由です。現代
のアダムやイブたちは、神話的、宗教的出自を、「安住の地」
を知ろうともしないし、還ろうとしないのです。今日でもパ
ウロが「ロマ書1-16　わたしは福音を恥としない」と言われ
たように「福音」、「宗教的体験」を恥と思われているので
しょうか。

79

NHK BS1の「欲望の時代の哲学2020　マルクス・ガブリエル　NY思索ドキュメント」PR動画で、カント哲学を基調とされているマルクス・ガブリエル教授が、私たちは「自ら欲望の奴隷」となった、とおっしゃっていましたが、拙著で述べましたように、マルクスやケインズのように、「欲」が発生する知的自己の「2-12　知的直観」、私と対象界、私・動・無・静・神の字、マルクスと類、ケインズ・動・無・静・月、貨幣、時間面・動・無・静・空間面、自覚的立場だけでは、デカルト（1596〜1650）の自我だけでは、それに続くカント（1724〜1804）では、「十八世紀的思想（カントと悟性概念）（私と対象界）（私欲）に基く共産的世界主義　世界新秩序の原理より」では、主観客観の両観から、私と対象界から始まる、欲望から出立する自己は、私たちはマルクス・ガブリエル教授の言われる通り、言わずと知れた「欲望の奴隷」です。馬のように、目の前にニンジン（月、貨幣、類、貴いもの）がぶら下がっていれば、それを手に入れようと走り続けます、が、そのニンジンがあなたの労働の報酬なら、それは宗教的に賜物、当為、神の字ですので、汝が、タマが、もう一人の自分が示した、啓示したあなた自身、報酬ですから、ニンジンを手に入れる必要はありません。それが、神話的、宗教的にあなた自身、行為的自己の行為的直観で、自己自身を表現するものの立場、「生かせたる　神話友達」、協調、愛、慈悲、悲願のある場所が示したもの、私と対象界の賜物、報酬です。だから、エデンの園にいたアダムとイブに、他人の持ち物のリンゴを食べるなと言われたのです。もし、自分のものでは

ないリンゴを食べれば、それは欲望への入り口で、際限がなくなるので、神は神の意志として、仏の知恵として、他人のリンゴを食べたアダムに労働を命じられたのです。つまり、リンゴが食べたかったら略奪するのではなく、自分で作りなさいと、マルクスの言う類、商品が、ケインズの言う月、貨幣、お金が欲しかったら収奪するのではなく働きなさいと諭されたのです。

　ここで人は「創世記3-22　善悪を知るもの」になったのです。西田哲学で言えば、場所が場所自身を限定する、です。「自覚的立場」、私と対象界、作用界と対象界と、「自己自身を表現するものの立場」、私と汝、です。また神は、イブが、神の言いつけを最初に破って食べたのに、イブには働きなさいと言われませんでした。なぜかと言いますとイブは、「山の神　武田邦彦」で、家庭の中心だからです。一休さんが、「女をば　法の御蔵と　云うぞ実 (げ) に　釈迦も達磨もひょいひょいと生む」と言われているようにそれぞれの役割があるのです。

　ゆえにマルクスの言う「目的」、ケインズの言う「月」が、貨幣、お金が、『利己』が、欲が優先して、人間としてもあるはずの『愛』が『利他』が『協調、慈悲、悲願』が「欲」で退けられていましたが、私と汝で、愛がよみがえりました。

　　　西田博士は「4-11　絶対的当為 (ロマ書7-20　神の律法、1-

15　定言命令）（空間面的自己限定）（類、貨幣、ニンジン）の裏面（時間面的自己限定）（時間面的形相限定）には、絶対の愛（利他的）（共生）（慈悲）（悲願）（生かせたる　神話友達）がなければならない」と、神話的、宗教的な環境にあると、もちろん人としてもあると言われています。加筆あり

　このことは、絶対の当為の裏面は時間面ですので、西田博士の言われているように「自愛の主体　アウグスチヌスの三位一体論」、愛の領域（生かせたる、アガペー　神話友達）であり、「自治の主体」、空間面にある当為、形相、類、物質、神の字は、欲の領域となります(10)。
　しかし、カントもマルクスも、ケインズやキリスト教徒も同じ心の構造、私と対象界で、自覚的立場で、カント・動・無・静・悟性概念、マルクス・動・無・静・類、ケインズ・動・無・静・月、キリスト教徒・動・無・静・人格神となり、時間面・動・無・静・空間面の立場だけで、自覚的立場だけで、主観・客観で意識が成立しています。ゆえに論理を語るには「シネ・クワ・ノン」、必要十分条件ではありません。岡潔博士が「欧米人は、人に心が二つあることを知らない。人とはどのようなものなのか分かっていない」と言われたように（4）、目的に、私欲に、顕在意識に、デカルトの「自我」に偏っていて不適正です。彼らは、主観と客観、主客の両観から、私と対象界から、ケインズの言う欲望からしか出発ができないのです。
　また、人間の活動においても、私と対象界、利己的自己だ

けでは、自我に偏った一つだけの見方では、人に備わっている無意識、潜在意識、阿頼耶識、集合的無意識の働き、当為がなくては、「Egoの意志」や「自我の知恵」では、神や仏が不在では、「神仏に背く」ことになり、多くの場合、対立が生まれて争いの元になります。彼らは戦いに於いて、負けた民族を奴隷にして、彼らの文化的遺産を破壊しました。だから、負ければ文化的遺産の継承もありません。日本が先の大戦でGHQに「焚書」をされてしまいました。博士が、

> 「善（心の作用・心の内容）とは一言にていえば人格の実現である」西田幾多郎『善の研究』岩波書店　202頁

　といわれているように、彼らの人格は、私と汝、第一人格と第二人格、自分ともう一人の自分ではなく、自我と対象界、ケインズと月、貨幣、マルクスと疎外された類、類との疎外ゆえに「私欲」が、利己が、「自我」が「Ego」が優先し、自己中心的、利己的で、神の意志に、仏の知恵である良心に、自らを律するものに背きます。
　人は「創世記3-22　善悪を知るもの」なのです。

> 1-1　人は何人も自己は良心を有（も）たないとはいわない。もし然（しか）いう人があらば、それは実に自己自身（NKZ6-368-9　物質即精神なる神）を侮辱（ぶじょく）するものである。拙著「場所」

では、このような人格、自我が強くて自己中心的な人格でどのようなことが起きるのでしょうか。

　これで、大国で起こっていることが殆ど説明できます。先ずは、彼らは私と対象界ですので、パスカルと貴いものになり、「欲望」が、それに「主観と客観」が発生します。ゆえに、会話に必ず「主語」が含まれます。日本人の会話には「主語」がありません。「自我が強くて自己中心的な、利己的な人格」では、大いに自己主張があり、社会の安定が、秩序が乱れがちになり、我欲が強く社会的に不穏な、不安定な環境が生じます。ゆえに、災害時に略奪や強奪が起きる可能性があります。

　それに一国の中で多文化共生社会、文化的共存などは、国家情報法や国防動員法、反日教育などで、国民の、人民の意志とは関係なく精神武装をさせ、国の指示に従って行動をおこすように命令する国があり、それにパウロの言われる「ロマ書11-15　世の和解」が成立していませんので、今のところはあり得ません。必ず軋轢が生まれます。社会的秩序が不安定になり、平安が守れなくなります。「秦氏について」(14)

　しかし、国同士となればそれは八紘一宇です。馬渕睦夫先生に教えてもらった、2019年トランプ大統領が行われた「愛」のある国連演説と同じです。僕は、織田哲司さんの日本語訳を読みました。(「高田直樹さんによる日本語訳」、高田直樹、トランプで検索、葉巻のけむり、全記事一覧へhttp://bit.ly/37517rt)。彼はキリスト教の文化的遺産である「愛」を、しっかりと自分のものにされたのではないかと思われま

す。それに、「愛」がある文化的遺産は、石平先生に教えてもらった「論語」であり、渋沢栄一先生の「論語と算盤」であり、神武天皇の御勅令「八紘一宇」、「八紘為宇」であり、あとで説明しますが、天皇陛下の新嘗祭の儀式になります。西田博士の言葉で言えば「場所が場所自身を限定する」になり、三位一体です。

　外国における経営者の多くは、今まで述べましたように自己中心的な方、グローバリズムの方、西田博士の言われる「共産的世界主義　世界新秩序の原理」(33) の方が、「新・共産主義、ポリティカル・コレクトネス　馬渕睦夫」の方が、ディープステートに属する方が多くて、私有財産が発生する富の公平な分配は行われず、あなたの対象界にある報酬は会社の利益でありますが、富の分配は、間違った選民意識において「利己的」に行われて、会社の経営者や株主に富の分配を優先します。ゆえに、経営者が利己的であれば富の分配は不公平であり、利他的であれば公平になります。

　武田邦彦先生がよく言われる「従業員のための会社」、「従業員（私）のための会社（汝）」ではないのです。ですから、格差がますます助長されます。彼らは、人としてあるはずの愛が欲で退けられていて自己中心的です。それに、労働は、神の命令に背いてリンゴを食べてしまった、アダムに科せられた罰だそうです。だから、彼らは貶められた労働を敬遠して、経営者は働かなくても自己の報酬を優先して、別の人に働いてもらって報酬を得ようとするのですね。イエスの出現以前にも奴隷がいましたが、日本には大和の国が建国される

以前、多分縄文時代のその前からもいません。なぜかといいますと、大国主命が天照大神に国を譲られ、愛と欲との協調が、統一が成立したからです。

キング牧師が言われた「どんな労働にも尊厳があります」マイケル・サンデル『実力も運のうち』早川書房　299頁、が無視されています (15)。マルクス主義の中国も同じようなもので、文化的遺産の継承が行われておらず、大の利己的で、大昔から働くことが嫌いなのでしょう (16)。

自然に対しても私と自然になり、欲が介在しますので、自然は人間の意に沿って改造するもの、立ち向かうもの、戦うものになります。ゆえに、虫の音が雑音に聞こえます。

愛のない自我に偏った一つだけの見方では、欲が優先して、行き着くところは対立しかありません。

　　　5-11　世界（一つの世界・一つの世界）（場所的有・場所的有）（人間）が自己自身（私・無媒介的媒介・非連続的連続・汝）（NKZ6-348-5　共同意識）（質料→動・無・静←形相）を喪失し、人間（NKZ6-368-9　物質即精神なる神）が神（NKZ6-368-9　物質即精神なる「人間」）（宗教）を忘れた時、人間はどこまでも個人的（単なる世界的世界、我、Ego、凡夫）（今のあなた）（非宗教）に、私欲的（2-1　外を内に映す）（マルクス）（パスカル）（煩悩に作用された世界的世界、凡夫、Ego、利己）となる。その結果、世界（青い地球）は遊戯的か闘争的かとなる。すべてが乱世的となる。（拙著「場所」217頁）

意識に於いての「シネ・クワ・ノン」 必要十分条件とは

　では、顕在意識と潜在意識の、私と汝の「自己」はどんな自己でしょうか。顕在意識と潜在意識があれば、意識と無意識で、私と汝で成り立っている自己は普通の、通常の、日常の人間の意識です。マルクスと対象界、自我と対象界では、自覚的自己、顕在意識、自我だけで、対象界に「欲」が働いていて、自己自身を表現するものの立場、潜在意識、無意識が、愛がありませんでした。これでは意識として「シネ・クワ・ノン」、必要十分条件ではありません。

　私と汝の「自己」は、先にも述べましたように、鈴木大拙博士が言われた明鏡相照らすになります。私と汝、私とわたし、自覚的立場と、自己自身を表現するものの立場になります。私の対象界がわたし、になり、第一人格の対象界が第二人格になり、西田博士の言われる主客未分になり、主観・客観が生じません。デカルトの自我が発生しません。ゆえに、私と汝の統一が「自己」ですので会話に於いて主語が省かれ、自我の意識が希薄ですので、人の意見に耳をよく傾けてしまい、自己主張は控えます。

　また、対象界がもう一人の私、自分ですので、赤の他人を自分自身と思いがちになり、思いやりが出てきて、あの人がそんな悪いことをするはずがない、ということになり、正直でお人好しになり、社会に安寧が行き渡り、平安になります。ですから、災害時の時でも略奪はおきません。空気を読む、も、この辺りから出てくるのでしょうか。

　ここらあたりが、武田邦彦先生が、利己的で自我意識が強い外国人の心が、お人好しの日本人と同じではないので説明

にご苦労していらっしゃるところです。

　また、この「正直でお人好し」が、マッカーサー元帥が、日本人の精神年齢は12歳の少年であると言った理由と思われます。私と対象界、私と神様、私と月、貨幣しか、欲しか知らない彼から見れば、正直でお人好しの人間は、まだ人間的に成長していないと思ったのでしょうか。彼らにしてみれば「ディベート」の論戦で、美辞麗句で嘘を交えてでも勝った方が大人なのでしょう。しかし、その「ディベート」は、ケインズと月、貨幣、ケインズと対象界で、欲しか知らない「主観と客観」の人たちの論戦で、欲望が、利己が論戦の中核であり、意味を取り違えた、聖書における選民意識も結論に入り込んでいて、勝てば自我意識がより強固になり、自己中心的な人間が創出されて、他人を思いやる心が薄れ、何の意味もない虚ろな、心を痛める論戦です。でも、そこに、エチカの著者スピノザやヘーゲル、それにバルトたちが存在を証明してくれた、ユングの第二人格、西田博士の汝に、生得的にある、また「主客未分」における愛を入れて、愛と欲との、利他と利己の協調に於いて(26)、蛭子様と大黒様で、天照大神と大国主命で、渋沢栄一先生の「論語と算盤 (ソロバン)」で、道徳経済合一説で、「ディベート」されてはいかがでしょうか。実りある論戦に、以和為貴が、平等意識が、物質即精神なる神が住まわれている家八紘一宇が、「世の和解」が出てくると思います。そして、その成果でトランプ大統領を支えてあげてください。

　また、自然に対しても、私と汝になり、そこには協調や愛

が、和を以て貴しとなす、「生かせたる　神話友達」があります
ので、自然との共存を図ります。ですから、虫が鳴いてい
ても景色になり、風流になります。

「自覚的立場」　その２

　図式にしますと、私と神との契約、マルクスと対象界、
マルクスと疎外された類、ヘーゲルと「5-9　自己疎外的精
神」、ケインズと月、貨幣、時間面・動・無・静・空間面、
自分・動・無・静・神の字になり、状況によっては「強欲」
が発生する場所で、マルクス・ガブリエル教授の言われる、
人が「欲望の奴隷」となるところです。武田邦彦先生がよく
言われる「力ずくの社会」となるところで主観と客観が発生
します。
　場所が、絶対無が、三位一体が、質料・動・無・静・形相
が、働くと、時間面的形相限定・動・無・静・空間面的質料
限定に、自己自身を表現するものの立場になり、それが時
間面・動・無・静・空間面に、時間面・愛・無・欲・空間
面、自覚的立場になります。マルクスは前者が、映す意識の
空間面的質料限定が働いて、形相→類を、神と呼ぶところの
ものを見せてくれたのに、時間面的形相限定・動・無・静・
空間面的質料限定、時間面的形相限定・愛・協調・欲・空間
面的質料限定に、見る意識と映す意識に、意識と無意識に、
私と汝に、ユングの第一人格、第二人格に気づかれていませ
ん。空間面的質料限定が、汝が抜けてしまっていて、気づか

れていなくて、自覚的立場、時間面的形相限定、顕在意識、意識だけです。ですからマルクスと対象界に、デカルトの言う自我と対象界に、主観と客観になり、そこには、自己自身を表現するものの立場が、協調や愛、慈悲、悲願がありません。あるのは、マルクスの言われる「目的」、欲、パスカルと貴いものだけです。ケインズに於いては対象物に欲望が生まれるところ、私と対象界であり、マルクス・ガブリエル教授が言われる、「欲望の奴隷」が発生するところで、「エレミヤ書2-12　主を捨てた」、宗教的体験を捨てて神話的、宗教的に自己の出自に還ることを止めてしまった、「自己自身を表現するものの立場」に気づいていない「自覚的自己」、自我、Egoでは、主観と客観では永久に「欲望の奴隷」です。エレミヤやエゼキエル以前より続いていて、BC 1300年くらいから今まで、3300年の間続いていて、「真のグレートリセット」、人類の意識大改革、をしないとこれからも続きます。

「自己自身を表現するものの立場」　その2

顕在意識と潜在意識、意識と無意識、私と汝、見る意識と映す意識、主客未分、愛と欲との協調、シヰとタマ、うるさい私と無私の心。

時間面的形相限定と空間面的質量限定、私と汝、第一人格と第二人格、自愛の主体と自知の主体「アウグスチヌスの三位一体論」より。

自分・動・無・静・もう一人の自分

NKZ6-400-4　見る意識・動・無・静・映す意識

時間面的自己限定・動・無・静・空間面的自己限定

時間面的形相限定・動・無・静・空間面的質料限定

　動・無・静、生・無・死は、非連続的連続・無媒介的媒介（非連続的連続→場所的切断、主客切断と主客合一・無媒介的媒介→ロマ書4-17　無から有を呼び出される神、無即有）であり、愛と欲との協調、「生かせたる　神話友達」、それに慈悲と悲願を、心霊、宗教体験に於ける神の祝福、「ロマ書1-16　福音」を内蔵します。ここは、主客未分、正直でお人好し、ですので武田邦彦先生の言われる「力ずくではない社会」が、協調的文化社会が生まれます。

　私と汝を、行為的直観を、行為的自己を、顕在意識と潜在意識を解説しますと、自己自身を表現するものの立場、である「時間面的形相限定・動・無・静・空間面的質料限定」の「時間面的形相限定」は、時間面に自己を、形相を限定しますから「質料」になり「時間面」で、「空間面的質料限定」は、空間面に自己を、質料を限定しますので「形相」になり「空間面」→「神の字」です。

　博士はこのことについて「2-8　私は仏あって衆生あり（時間面的形相限定→質料）、衆生あって仏があるという（空間面的質料限定→形相）」と言われています　拙著「場所」。また、人はもともと仏であると、神我らとともにいます、も同じことです。

　ゆえに、質料・動・無・静・形相や、時間面・生・無・死・空間面、時間面・生・無・死・神の字、当為、の自覚的

立場になり、これらが絶対無の働きになります。

「2-18 逆限定」、「2-6 逆対応」、主客未分、それに純粋経験は、場所が場所自身を限定する、にあります。生と死が、愛と欲が協調して働く場所で、非連続的連続、無媒介的媒介に於いてあり、場所的切断において自愛の主体・非連続的連続・無媒介的媒介・自知の主体になり、「合一であり切断」であります。「愛と欲との協調」、「和を以て貴しとなす」が大切になります。聖徳太子、厩戸皇子の言われた「以眛為貴」が出てくると思いますが、いかがでしょうか。そして、場所（絶対無）が場所自身（質料・動・無・静・形相）を限定（時間面的形相限定・愛・協調・欲・空間面的質料限定）（私と汝）します（質料・動・無・静・形相）（時間面・生・無・死・空間面）（私・生・無・死・神の字、当為）（合一・霊・切断）（非連続的連続・無媒介的媒介）。これが、逆限定、逆対応、純粋経験、直接経験→主客合一、主客未分、生かせたる、です (17)。

博士は『5-9 絶対とは対を絶するものではない。拙著「場所」』と言われています。因みに、絶対矛盾的自己同一は、絶対（対を絶するものではない）（質料と形相）矛盾的（生と死）（動と静）（愛と欲）（心と身体）自己（私と汝）（意識と無意識）同一（統一）（NKZ6-348-5 共同意識）（自己）になります。

そして、ここが、意識と無意識とで、人として成り立つところで、何かの圧力で、または、神話的に、宗教的に、人間的に愛を知らないと、「自覚的立場」に、自我と対象界、私

と対象界に偏ってしまうと、愛を忘れて「我欲」に走ると、マルクス・ガブリエル教授の言われる、人が「欲望の奴隷」になるところです。

　愛、協調、慈悲、悲願、神の祝福、「ロマ書1-16　福音」を蔵する「自己自身を表現するものの立場」、思いやりが生まれる私と汝に心が向かえば、作用界に、「1-20　意志作用的有」に愛が働けば、釈迦やイエスの心に近づきます。馬渕睦夫先生は今ここにいらっしゃいます。

　キリスト教では、労働は、神の言いつけに背いたアダムに、神が彼に与えた罰だそうですが、＊＊＊

アダムとイブ

　僕の理解です。

　蛇にそそのかされて、神の言いつけに、命令に、神の意志に、仏の知恵に背いて自分の報酬ではない、他人の神の賜物のリンゴを食べてしまった方、「共産的世界主義　西田」の方々、「新・共産主義、ポリティカル・コレクトネス　馬渕睦夫」の方々、グローバリストの方々、ディープステートの方々、それは神様がそんなことはしてはいけないよと言われたと思います。もしリンゴが食べたかったら働きなさいと、働いてリンゴを作りなさいと、言われたと思います。しかし、イブには神は、働きなさい、と言われませんでした。なぜかと言いますと、イブは山の神、権威（武田邦彦）でアダムは派遣社員、権力（武田邦彦）（征夷大将軍）であるからです。

93

僕は生活の、家庭の根本は、近代でも太古に於いても、男は、外敵から家族を守り、獲物を求めて狩りに出かけ、女は近くで果物や野菜を採集し、子供を育てることだと思っています。そして、最初のうちは分配していたが、交流が盛んになると、余った分は必要な物と交換したと思います。

　WEB の説明で、神の指示に背いてリンゴを食べてしまったことによって「原罪」が生まれたと言われていますが、欲は対象物に欲求が生まれるところで、だからマルクスが観想における類に対して、疎外ゆえそれを希求する対象、「目的」と言ったのです。「欲」は人間、生得的に備わっていて、これがないと人として成立しません。この欲について親鸞さんの真言宗の妙好人は、

　　「阿弥陀さまよ、どうぞ自分の煩悩を皆、とってくださるな、これがないと、あなたのありがたさが、わかりませぬ」と、真宗 (23) の妙好人はいうのである、煩悩即菩薩の片影をここに認めうるではないか。鈴木大拙著　上田閑照編『新編東洋的な見方』岩波文庫　69頁

　＊＊＊あなたが働いて得た報酬は、神話的、宗教的には、もう一人の自分が、汝 (会社) が映した、当為 (報酬) (家庭菜園の賜物)、(神の字) と同じで、時間面→動・無・静←空間面 と私→時間面的形相限定→動・無・静←空間面的質料限定←汝であり、愛や協調、キリスト教（パウロ）的に言えば神の祝福、福音があなたの労働にあります。ゆえに、従業員 (私)

のための会社 (汝)、(当為)(神の字) が成立します。ゆえに、あなたの対象界の会社にある賜物を、あなたが稼いだ報酬を、「正直でお人好しの経営者」が、愛や思いやりを以て分け隔てなく公平に分配します。外国では、私と対象界の、間違った選民意識の強い「能力主義は正義か」、「実力も運のうち」の自己中心的な経営者が、自己中心的に分配します。

　そして、私と汝が働かなくては、自分ともう一人の自分にならなければ神の字が書けませんし、報酬も得られません。神の福音もありません。また、自覚的立場と自己自身を表現するものの立場に、私と汝が働かなければ、字も書けないし、意志も表すことができません。愛のない時間面と対象界の、顕在意識だけの、自我だけのグローバリズムの方々、利権主義の方々も、「共産的世界主義」の方々も、「新・共産主義、ポリティカル・コレクトネス　馬渕睦夫」の方々も、字を書かれる時や思考される時には、必ず私と汝に、第一人格と第二人格になっていますので、額に汗を滲ませて働けば、それはナショナリズム (八紘一宇、八紘為宇) で、神の祝福、福音が当然そこにあります。あなたが働けば、私と汝である、あなたの対象界が、もう一人のあなた自身の賜物、報酬 (神の字) に、当為に、類に、神の律法になりますので、それがあなた自身、私と汝ですので、そこには愛、協調、欲、慈悲、悲願が、和を以て貴しとなす、がありますから、思いやりもでてきます。

新嘗祭
これが我が国の国体です

　天皇陛下は、高天原の神々に倣って田植えをされ、稲刈り
もされます。

　次のことは僕の理解ですが、宮中の行事に、新嘗祭 (にい
なめさい) があるそうです。〔伊勢神宮で皇大神宮、内宮で行
われる神嘗祭と同じです。由貴大御饌 (ゆきのだいごぜん) があ
り、その意味は清浄で立派な食事という意味です。神宮HPよ
り〕

　天皇がその年に収穫された穀物を神に供えて感謝し、これ
を神からの賜物 (パスカルと貴いもの) (当為) としてご自身が食
(しょく) される儀式があるそうですが、天皇のお働きが、労
働が、対象界の穀物 (当為) となり、天皇がそれを、賜物を
食されることは、賜物、当為と、自らを律するものと、「1-
15　定言命令」と、「ロマ書7-22　神の律法」と一つとなると
いうことで、愛・協調・欲→神とともにある三位一体であ
り、霊となられることで、私と汝の統一、ヲシテ文献のシキ
とタマ、「タマシヰ」に、「自己」になられるということであ
り、愛、協調、悲願、慈悲を、「生かせたる　神話友達」を、
「思いやり」を、国民の安泰を、国家の安寧を、以和為貴を
天皇が新嘗祭で、儀式で体現し、願っていらっしゃる、キリ
スト教 (パウロ) 的に言えば神の祝福、福音をうける、天上
の世界、高天原の世界と地上の世界、人間の世界を、葦原の
中つ国を賜物、当為で結ばれる、和を以て貴しとなす、尊

い儀式であると思いました。そして、天上世界と地上世界が、伊勢神宮と出雲大社が国譲りで結ばれた、統一された理想郷を今、ここに、ここで体現していらっしゃいます。そして、葦原の中つ国と高天原が、自覚的立場と、私と汝が、自己自身を表現するものの立場が結ばれている構造を示しますと、自己自身を表現するものの立場が映し出した自覚的立場にある、時間面・生・無・死・空間面にある当為を、神の字、賜物、収穫物、有を、時間面・非連続的連続（場所的切断、主客切断と主客合一）・無媒介的媒介（ロマ書4-17　無から有を呼び出される神）（無即有）・空間面にある当為を、有を、神事の賜物である収穫物を食されて、結ばれる（主客合一）（有）→私、時間面的形相限定・非連続的連続（主客合一）・無媒介的媒介（有）・空間面的質料限定、汝→時間面・生・無・死・空間面→葦原の中つ国・生・無・死・高天原になり、葦原の中つ国と高天原を結ばれる。私と汝を、地と天を結ばれる、場所が場所自身を限定する、になります。禅で言うと「見性」になります。

　　三位一体
　　時間面・生・無・死・空間面
　　質料・愛・協調・欲・形相→　自覚的立場
　　顕在意識・天照大神・協調・大国主命・潜在意識
　　私・天照大神・国譲り・大国主命・汝→　自己自身を表現するものの立場
　　左脳・脳梁・右脳（8）

三位一体

　キング牧師の言われた「労働の尊厳」を勉強した時、僕は、勤労は義務だと思いましたが、勤労は、人として当然行われる当たり前のことで、神とともにある、ということで、どんなことでも、こちらが決めるのではなく、向こうが言うのですね。ですから、労働は、協調、欲、愛、慈悲、悲願にあり、神事です (18)。

　そして新嘗祭は、馬渕睦夫先生がよく言われる、我々が太古の昔から受け継いできた「もともとある完璧な世界」を、先生がよく論じられる「かんながらの道」、随神の道、惟神の道を、西田博士が人間世界の「終極の理念 世界新秩序の原理」と言われていることを、儀式に於いて天皇が余すところなく体現されていらっしゃいます。馬渕睦夫先生がよく言われる「復古の精神」、「復古」のことで、本来ある姿に気づく、創造の事実、歴史に還る、蛭子さんと大黒さんに、天照大神と大国主命の「協調」に、「和」に気づくこと、建国の詔に気づくこと、還るということで、これに於いて、この「場所」が日本の国体に映され、権威と権力を分離した、そして、天皇と同じ創造物の、同等の格差のない「国家・国民」、「天皇・大御宝」、「君・民」になります。伊勢神宮の神嘗祭と同じで、日本の国民を、日本の国体を、理想郷を、安住の地を、我々の象徴である天皇陛下が、創造物が神話的、宗教的に支える儀式なのです。だから、日本国建国以来、万世一系の天皇家が続いているのです。

意識に於いての「シネ・クワ・ノン」 必要十分条件とは

　そして、日本国は、天皇と大御宝は、国家と国民は、顕在意識と潜在意識、私と汝の統一した精神を映した「国家と国民」、「君と民」、「天皇と大御宝」であり、天皇を、国民と共に象徴とする、権威と権力を分離した国体であり、天照大神と大国主命との、愛と欲との協調において、戦前は八紘一宇の精神でした。ゆえに、カントやマルクスを基調とした隷属を強いる人種差別、格差社会に、隷属社会に立ち向かい、八紘一宇を、和を以て貴しとなす、を目指して戦いました。本当に素晴らしい精神で、日本国民の誇りであると思います。植民地にされた、隷属させられた他人のために、そして、国民のために、物質即精神なる神が住まわれている家、八紘一宇の精神を実践するために戦った人民は僕の知る限り日本人だけです。

　文化的遺産を受け継いでいない隣国の国々や、GHQ などの方向を間違えた外国の意図的な日本を貶める政治的宣伝を（例えば日本は軍国主義であるとか侵略主義とかです）、「ェレミヤ書2-12　主を捨てた」、宗教的体験を捨てた神話的、宗教的に愛を知らない人々の、私と対象界しか知らない、我欲しか知らない愛のない発言を気にすることはありません。歴史を勉強すれば理解できますが、彼らこそ人種差別的で軍国主義、侵略主義で植民地主義なのです。コロンブスが、スペイン王の支援を受けて、北アメリカに上陸してから何が起きましたか。北米、南米で起きたことを、欧州人の一方的な武力と策略による破壊と収奪があり、彼らのしたことを勉強すれば分かるはずです。そして、宣教師が安土桃山時代に日本

99

に来ましたが、彼らが何を目的に日本に来たのかを勉強すれば、その事が分かります。そして、それが、馬渕睦夫先生が仰っているように、今日でも続いています(19)。

　彼らは、自己の神話的出自に還る宗教体験を、「主」を、「エレミヤ書2-12　主を捨てた」ので、アブラハムが信じた神様を、自己の神話的出自を知らないのです。ゆえに、協調は知りません。私と対象界、主観と客観しか知りません。ですので、ディベートの伝統がある彼らの論理は「4-11　私欲」的であり、神様に選ばれた、という選民意識もあり、より利己的な方向に結論付けます。文明の衝突(14)で示しましたように、日本人は協調のソフトが働きますが、外国の方は、自己の神話的出自を知らないので、ケインズの言う「愛」のない欲望のソフト、で、彼らは「自覚的立場」しか、デカルトの「自我」、Egoしか、「利己主義」しか、馬と人参、ケインズと貨幣、私と対象界、「4-11　私欲」しか、「我欲」しか、「欲望」しか知らないのです。私と汝の統一した「自己」を、「自覚的立場」と「自己自身を表現するものの立場」を、「愛と欲との協調」を、自愛の主体(アウグスチヌスの三位一体論)である「時間面的形相限定」→質料、生体、生と、ケインズの外を内に映す私欲の、自知の主体である「空間面的質料限定」→形相、物質、死の協調を、統一を、「和を以て貴しとなす」を、意識と無意識を、シラスとウシハクを、岡潔博士の言われたように「二つの心」を持っている人間を知らないのです。だからエレミヤが、「4-8　エレミヤ書2-11　その神を神ではない者に取り替えた国があろうか。／ところが、わたし

の民はその栄光を／益なきものと取り替えた」と嘆かれ、エゼキエルが「4–8　エゼキエル書2–3　彼（神）はわたしに言われた、『人の子よ、わたしはあなたをイスラエルの民、すなわちわたしにそむいた反逆の民につかわす』」と言われ、イエスやパウロやルターが宗教的改革に於いて、ご苦労されたのです。それに、エレミヤが、「4–8　エレミヤ書2–11　その神を神ではない者に取り替えた国があろうか。／ところが、わたしの民はその栄光を／益なきものと取り替えた」と言われ、エゼキエルが、イスラエルを「反逆の民」と言われましたが、このようなことは、パウロもよくご存じですしきちんと体験された方なら誰でも知っています。西田博士の言葉で言えば「2–14　体験者（シャーマン）（禅師）（主）（預言者）には、それは自明の事であろう」です。パウロの言葉で言えば「エペソ3–4　読めば……わかる」のです。カール・バルトは自覚的立場だけですけど、「気高き精神の持ち主たちを結び付けた（9）」です。

https://www.youtube.com/watch?v=ibzRiw-ZlqY の『【馬渕睦夫】実は今世界が本当に欲しいのは日本の●●です【ひとりがたり／まとめ】』を拝聴していたら、僕は目に涙がにじんできて、心の中では先生に敬礼していました。すばらしい講演です。

　　5–14　国家とは、此土において浄土を映すものでなければならない。拙著「場所」

　我国の国体の精華が右の如くなるを以て、世界的世界

（意識）（人格）（理性）形成主義とは、我国家の主体性を失うことではない。これこそ己を空うして他を包む我国特有の主体的原理である（和を以て貴しとなす→思いやり、協調、愛、慈悲、悲願←非連続の連続・無媒介的媒介が内蔵します）（それぞれの役割を有つ）。

之によって立つことは、何処までも我国体の精華を世界に発揮することである。

（精神武装を強制的に国民にする国や、させられた方々には「我国特有の主体的原理」の適用は無理であると思われます）

今日の世界史的課題の解決が（ロマ書11-15　世の和解）（神話の下に置かれていない）（世界状勢は世界が何処までも一とならざるべからざる。これらの解決）

我国体の原理から与えられると云ってよい（心より同意します）（一日でも早く、気づかれることを願うばかりです）。

英米が之に服従すべきであるのみならず、枢軸国も之に倣（なら）うに至るであろう (31)（心から願うばかりです）（もし、そのようになれば「ロマ書11-15　世の和解」が始まります）（「世の和解」が成し遂げられたなら、バチカンがパウロの戴冠式を執り行われると思います）（時が経てば、民度が、YouTube の皆さんがよく言われる晴れやかな、穏やかな、正直な江戸時代の民度になると思います）。拙著「世界新秩序の原理を読む」より

僕に言わせれば、日本では神話的、宗教的に太古の昔から日常の生活の中に、慣習として組み込まれていて、僕たちは、外国の方々が羨むような、そして民度の高い神話的、宗

教的な理想郷に住んでいます。それを可能にしているのは、日本の神話と、それを基にした天皇を象徴とする日本の国体です。

　その事が一番よくわかるのは、我が国の神話に天照大神、愛に、大国主命、欲が国を譲られたことが書かれていますが、このことは、自愛の主体である「時間面的形相限定」、「愛」と、自知の主体である「空間面的質料限定」、「欲」との協調を、統一を言われていて、その心は「以和為貴」であり、お人好しであり、利他的であると思います。そして、国譲りの時、大国主命は自知の、欲の主体を発揮して、とんでもなく大きな神殿を天照大神に所望されました。

　出雲大社にはご神体がないそうですが、僕はそれでもよいと思います。一説には、ユダヤ教の燭台がご神体という説もありますが、それでも良いと思います。僕が思うに、ウシハク、「欲」ですので、大国主命が国譲りの時に所望された、とんでもなく大きな神殿が、ご神体であると思います。そして、注連縄の綯（な）い方が、巻き方が伊勢神宮は右から綯い、出雲大社は左から綯うそうです。ここでも逆限定、逆対応です。

　また、この時代にはこれらのことを理解する多くの体験者（シャーマン）（禅師）（主の僕）（預言者）、イエスや釈迦のような方がいらっしゃったと思われます。パウロが活躍された時代にも多くの体験者が見受けられます。「ロマ書16-2　主にあって」と、主が冠せられている方々は体験者です。ステファノもまず間違いなく体験者で、手紙を筆記したテルテオも「主

にあって」と言って挨拶を送られていますので、体験者です。でも、パウロには主の冠はついていません。

「安住の地」は、天照大神に国を譲られた大国主命と天照大神を映した、天皇→創造物を国民の象徴とする「創造物の心」を映した、「人間の心」を映した、「国民の心」を映した、「天皇、皇后両陛下の御心」を、そして、アラブ人の、ユダヤ人の、ロシア人の、ウクライナ人の、人類の心を映した日本の国体にあります。

　ですから、その神話的構造から聖徳太子が言われた「和を以て貴しとなす」が出てきます。これが物質即精神なる神（真如）の家、八紘一宇、八紘為宇、「ロマ書11-15　世の和解」になります。だから、国体が変わることなく、新嘗祭を執り行われる陛下を象徴として何千年も続いてきたのです。持続が可能な社会です。日本の国体は永久に続いてほしいものです。なぜなら、根柢に「以和為貴」があり、お人好し、利他的だからです。もし、日本が滅ぼされたら、ネイティブアメリカンが武力と策略で滅ぼされてしまいましたから、もう後がありません。「共産的世界主義　西田」者が、「欲望」が蔓延り、世界が「欲望の奴隷」となって、「安住の地」は何処にも見つかりません。そして、他国は「顕在意識」のみで、デカルトの「自我」で、カントやマルクス、ケインズにおける論理であり、意識において私欲が発生する「私と対象界」のみで、それが対立を発生させ、格差社会を、隷属社会を生み出す元凶です。「創世記3-22　善悪」を知らないのが自覚的立場だけの自己です。もしも、日本が滅ぼされたら、持続が

不可能な社会だけになり世界は欲望における対立が激化して、世界が自壊します。

　考えてもみてください。一人の人間が、王が国を統合し、人民を支配した欧州や中国は、国の興亡が頻繁にありましたが、国民が、天皇陛下の宝物である日本は、建国以来一度も国名が変わったことがありません。このことを持続可能な社会と言わずして、何を以て持続可能な社会と言うのですか。「自己自身を表現するものの立場」に気づいていない「自覚的立場」だけのカントやマルクス、ヘーゲルでは、「共産的世界主義　西田」では、字が書けないし、意志も表すことができません (1-20　意志作用的有)。しかし、それができるということは、彼らは気づいていないですが、汝が、空間面的質量限定が、「自己自身を表現するものの立場」が働いたからです。

　紀元前5〜3世紀と推定される中国の山海経の著者（体験者、シャーマン）たちは、神武天皇が、紀元前660年に大和の国を建国宣言するにあたって、建国の理念を、八紘一宇を広く示されたので、大和の国が理想郷の、太陽が毎朝若々しく扶桑の大木から再生してくる扶桑の国、神仙の、天皇の住まわれる蓬莱山が、日出国が安住の地である、と理解しました。

　場所が場所自身を限定する「自覚的立場」と「自己自身を表現するものの立場」に、私と汝、意識と無意識に、「行為的直観」に気づいていない「自覚的立場」、「知的直観」だけですと、私と対象界、主観と客観から、欲から出立すれば、

本当のことは何も見えてきません。利己的で自分に都合のいいことしか考えないのです。

　しかし、戦後、この事に全く気づいていなくて（僕も知りませんでしたが）、宗教的に私と汝を知らない、顕在意識と潜在意識を知らない、顕在意識、自我→私と対象界しか知らない、ケインズのように、私と対象界が生み出す「私欲」を含有し、社会的格差や、従属関係が発生する外国の「貴族や金持ち集団」や「シオニズムに便乗した人たち」、「悪魔」に心を乗っ取られた強欲の、「自知の主体」の意向を発するダボス会議が、それに追従する「国際機関」が発する思想、政策、言動（温暖化など）などに振り回されています。馬渕睦夫先生の言われるディープステートが One World の、世界の王と、盟主となろうとしています(28)。

「その結果、世界（青い地球）は遊戯的か闘争的かとなる。すべてが乱世的とな」ります。(拙著「場所」217頁) (20)

お花畑にいては何も見えません

　また、先の戦争の終結で、サンフランシスコ平和条約が結ばれ、日本は独立国だと思っていましたが、それは形式的だけで、日本政府を見ているとアメリカの指示を、日米合同委員会の指示を仰いでいるようで、日本はアメリカの属国になってしまいました。国益を損なう属国から、国益を守り、生み出す独立国になるべきです。それに、いまだに国連には「敵国条項」があり、撤廃されてはいませんので、地雷と

して機能しています。属国とは草刈り場、植民地の事です。これでお分かりになったと思いますが、彼らこそ植民地主義、軍国主義、侵略主義なのです。お花畑にいては何も見えません(24)。お花畑の住人を、理想郷の、安住の地の住人を一時返上して、美辞麗句の裏に隠された彼らの欲望を見つけましょう。彼らの言う、グレートリセットは、彼らが、神が不在の、私と対象界の、主観と客観から、欲望から出立した欲望が渦巻く、我欲の戦いの場であるディベートで作り上げた、世界の盟主を、One World の支配者を目指しているシオニズムに便乗した人たちの策略だと思います。

　我々（私と汝　西田）は神の創造物でありますが、我々（私と汝　西田）の Ego、自我だけでは神仏の意に添いません。アダムと同じ過ちをしてしまいます。

　宗教的体験で、「主　パウロ」で、「観想　マルクス(32)」で、「心霊　西田」で、「霊性　大拙」で、「霊感　バルト」(9)で、自分ともう一人の自分に、私と汝に、顕在意識と潜在意識に、意識と無意識に気づくべきであると思います。そして、この気づきで（神と呼ぶところのものは民族、人種を超えて皆同じで、所与、阿頼耶識、集合的無意識、教会→蔵にいらっしゃいます）パウロの言われる「ロマ書11-15　世の和解」を成し遂げることができます。また、私と対象界しか知らない人でも、欲で汚染されている作用界に、「1-20　意志作用的有」に、自分の意識に愛が働くようになれば、働けば、私と汝の方向に行けば、安心、安全、安寧な社会が出現すると思います。考えてみてください。私と汝に、第一人格と第二

人格にならなければ、字が書けませんし、意志を表明することもできません。場所が場所自身を限定する、が含有する「場所的切断」には愛と欲との、自愛の主体、時間面的形相限定→私と自知の主体、空間面的質料限定→汝との協調があり、以咊為貴が出てきます。そして、三位一体の働きが創造物、物質即精神なる人間であり、意識なのです。

　それが、馬渕睦夫先生に教えてもらった、トランプ大統領の国連演説ですし、西田博士の言われる神武天皇の八紘一宇で、パウロの言われる「世の和解」です。

　　而して斯く歴史的地盤（人はもともと仏である）から構成せられた特殊的世界（パウロが語る物語を聞くことが出来る耳を有った人たちとその仲間）（シャーマンとその仲間）（神話を語る主の僕とその仲間）〔神在月に出雲大社に集まる神々〕が結合して、全世界（人類）が一つの世界的世界（意識）（人格）（釈迦）（イエス）に構成せられるのである(21)。かかる世界的世界（意識）に於ては、各国家民族が各自の個性的（個と個）（私と汝）な歴史的生命（創造物として）に生きると共に、それぞれの世界史的使命（ノエマ・ノエシス）（心の内容・心の作用）（和を以て貴しとなす）（知恵）を以て一つの世界的世界（意識）（人格）に結合する（私と汝の統一）（我々）（神話の下に置かれる）（国家・国民）（天皇制）（天皇・大御宝）〔日本の国体〕のである。これは人間の歴史（八八、百八）（創造物）的発展の終極の理念であり、而もこれが今日の世界大戦によって要求せられる世界（場所的有）（自己）（心の発展）（人格形成）新秩序の原理で

なければならない。

　　　三位一体
　　　質料・愛・協調・欲・形相→　自覚的立場
　　　顕在意識・天照大神・協調・大国主命・潜在意識
　　　私・天照大神・国譲り・大国主命・汝→　自己自身
　　　を表現するものの立場
　　　三位一体

　我国の八紘為宇 (八紘一宇) の理念とは、此の如きものであろう。畏 (かしこ) くも万邦をしてその所を得せしめると宣 (の) らせられる。聖旨 (せいし) も此にあるかと恐察し奉る次第である。拙著「世界新秩序の原理を読む」より〔　〕加筆しました。

　西村 (恵信)　そう、もう三十年らい、久松 (真一) 先生からずっとね、禅はこれしか言わないんだぜ。 (あなた思っているような) 神なんてないんだぜ。ね、お前の手をあげたり足を動かしたりするところにしか真如 (神と呼ぶところのもの) はないよって、仕込まれたんですよ。それが最近、こういうところに出入りするようになって。
南山大学『東西宗教研究』講演 (三) カール・バルト神学について
滝沢克己　48頁「協調」同　48頁

が脳裏に浮かびます。

また、家庭菜園なんかもそうです。ご自分で、汗水垂らし

て菜園に手を入れて、収穫されたもの、神からの賜物を、報酬を、当為をご自分で頂くのでしょう。新嘗祭と同じです。でも、家庭菜園なんかめんどくさい、食料品店で買った方が早いと言われる方もあると思いますが、お金があなたの働いた報酬であれば、新嘗祭と同じになりますが、あなたが働いて得た報酬でなかったなら、そこには天上の世界の高天原と、地上の世界の葦原の中つ国を媒介する「神からの賜物」、当為、報酬、「ロマ書7-22　神の律法」がありませんので、天上世界の高天原と、地上世界の葦原の中つ国を結び付けることができなくなり、新嘗祭にはなりません。

　商いでも同じようなことが言えます。
　渋沢栄一著『論語と算盤 (ソロバン)』は商いの手引書だそうですが、石平先生が、論語は愛である、と言われていましたので書き換えると「愛と商い」になります。だから、愛が介在していますので、私と汝になり、ナショナリズム (八紘為宇、八紘一宇) になります。これで、幕末の頃に日本へ来た外国人や宣教師が記した日本人の心の説明ができます。また、「欲と算盤」は、「利己と商い」はグローバリズム、「共産的世界主義」、「新・共産主義、ポリティカル・コレクトネス　馬渕睦夫」で、欲で心が欲望に占領された人は、何処の国の人になるのでしょうか。国会議員さんや、官僚、都道府県の知事さんにもいらっしゃるようです。和歌山県のパンダが好きな元議員さんや、エジプトの大学を卒業した方は、心に「愛」が働いてはいないようです。

意識に於いての「シネ・クワ・ノン」 必要十分条件とは

そして、前者は、日本神話に出てくる天照大神、シラス、愛と大国主命、ウシハク、欲との協調になります。

ウシハクである大国主命が転じて、金運の神、大黒様になり、シラスである天照大神が転じて事代主、言知主で、また転じて、仏の知恵の神、恵比寿様になります。

「目的　マルクス」のために手段を選ばず、「生き馬の目を抜く世界」が大黒様で、顕在意識だけでは、デカルトの我、自我だけではグローバリズムになり、「目的　マルクス」のために手段を選ぶ、「お人好しが通る世界」が大黒様と恵比寿様、顕在意識と潜在意識に、西田博士の私と汝になり、ナショナリズムになります。恵比寿様で心を整えて大黒様に金運を願う、この二柱の神は協調されて、商売繁盛の神様になります。

そして、ウシハクである大国主命、大黒様、グローバリズム、つまりデカルトの我、自我、知的自己、顕在意識、知的直観だけでは「生き馬の目を抜く世界」が、「欲望の奴隷」が創り出されます。

ウシハクである大国主命、大黒様と、シラスである天照大神、恵比寿様、蛭子様とで、顕在意識と潜在意識、意識と無意識、ナショナリズムの、「思いやりの世界」が、「お人好しが通る世界」が創造されます。日本神話の中で語られた「国譲りの物語」、大国主命が国を天照大神に譲ってくださって、ウシハク、欲とシラス、愛が統一されてよかったですね。そしてこれが、国民を陛下の宝、国の宝と思って接して下さる万世一系の天皇を象徴とする日本の国体です。

111

日本にはいろんな神さまがいらっしゃいます。また、ローマ人への手紙第一章、「キリスト・イエスの僕」は、「キリスト・イエス」は「神々と被造物」ですので、ここでは神々の僕、ということで、多神教です。そして西田博士が言われる「内在的超越のキリスト」は、パウロに於いては「キリスト」は「神と被造物」ですので、「内在的超越の被造物」になり、ここでは覚者になります。

　渋沢栄一著『論語と算盤』は、「愛と商い」は、人間が生得的に、ア・プリオリ的に持っている「愛と欲」の協調ですので、私と汝になり日本神話の大黒様と恵比寿様や「論語と算盤」で、「愛と欲」との整合性、均衡に、協調に於いて商いをしなさいという意味になると思います。馬渕睦夫先生が、「賞味期限が切れた民主主義」で、平等と自由は唯物論では成立しないと仰っていましたが、僕も、マルクスと対象界では、成立しないと、愛と欲との協調に於いて成立すると、渋沢栄一先生の論じられた「道徳経済合一説」はこれにあたると、思います。ここで仏の知恵、神の意志が、行為的直観、以和為貴が発揮されると思います。つまり、「仏の知恵」、「神の意志」は、自らを律するもの、「良心」です。人は「創世記3-22　善悪を知るもの」なのです。善悪を知らないのが自覚的立場の自己、知的直観の自己で、欲望の奴隷、になってしまいます。

　　　1-1　人は何人も自己は良心を有（も）たないとはいわない。もし然（しか）いう人があらば、それは実に自己

意識に於いての「シネ・クワ・ノン」 必要十分条件とは

自身（NKZ6-368-9　物質即精神なる神）（真如）を侮辱するもの
である。拙著「場所」

　武田邦彦先生がよく言われる「お天道様が見ているよ」と
よく似ています。また、日本は「神様も驚くくらいの立派な
国だった　武田邦彦」し、これからもそうです。また、顕在
意識しか知らない人でも、潜在意識が働いているということ
に納得すれば、私と汝に、恵比須様と大黒様の協調に気づけ
ば、「お天道様が見ているよ」という、自律的な世界が出現
すると思います。

　私と対象界で物事を見るのか、それとも私と対象界の汝と
の協調で物事を見るのか、主観と客観で、欲で物事を見るの
か、主客未分で、愛と欲との協調で物事を見るのかで決まり
ます。そして、あなたの脳みそに入っている欲望のソフト
を、協調のソフトに入れ替えるのが真のグレートリセット、
人類の意識大改革です。そうすればホロコーストやホロド
モールは、いわゆるジェノサイド、大虐殺、大量虐殺は無く
なりますが、いつまでも「欲望の奴隷」では、欲のソフトを
協調のソフトに入れ替えないと、マルクス・ガブリエル教授
の言われる「欲望の奴隷」の、「欲望の資本主義」の終焉は、
永久にありません。最後には人類は自滅すると思われます。

シオニズムとシオニズムに便乗した人たち

　「ひとりがたり馬渕睦夫」#37ゲスト：篠原常一郎 vol. 1
【日本共産党深堀り対談】
　「ひとりがたり馬渕睦夫」#38ゲスト：篠原常一郎 vol. 2
【20世紀の共産主義を総括する】ロシア革命以降の近代
史は共産主義の歴史

　によると、宗教的に、人種的に、人間的にあらゆる迫害を
受けてきた欧州のユダヤ人にとって、シオンの地に帰る、と
は、その迫害からの解放という事だそうで、それがユダヤ人
国家の建設を希求するという意味を持つ「シオニズム」に
なったそうです。
　そして、ユダヤ解放の思想家であるバルーフ・レヴィ
（Baruch Levy）が、シオニズムの論理的支柱、裏付けを求め
て、マルクスに執筆を依頼し、資本論が彼に捧げられたそう
です。（このことに対する異論もあります）
　ですから、国を失い、あらゆる迫害を受けてきたユダヤ民
族の、国家建設の願いを込めたシオニズムは、マルクスに
よって論理的な背景を持ち、強固になりました。シオニズム
の根源、根柢は、モーセがシナイ山で神との契約を交わした
シナイ契約に代表されるように、私と神との契約であり、私
の対象界に神様がいらっしゃって、その神との契約であり、
マルクスが観想 (32) に於いて、彼の対象界で観た「類」と

同じ状況、状態であります。これは西田博士の言われる私欲が発生する場所で、ユダヤ教は、人格神を神とするキリスト教徒と同じように、私と神様、私と対象界、作用界と対象界になり、主観と客観になり、西田博士の言われる「自覚的立場」と「自己自身を表現するものの立場」の主客未分の、行為的直観の意識と無意識との、「シネ・クワ・ノン（必要十分条件）」の意識ではなく、知的直観の自覚的立場、神の創造の事実が、「生かせたる　神話友達」が、「歴史　西田」のない私と対象界だけで、主観と客観とで意識が成立していて、自己が自己の対象とならないデカルトの我の立場、自我です。ゆえに、私と対象界に於いて私欲が、ケインズの言うように「月は生チーズからできている」から出てくる私と月、私と対象界に、パスカルと貴いものに (2) なり、私欲が、欲望が発生する場所であり、私有財産が発生する富の公平な分配は行われず、私有財産を認めず、富の一括管理をしようと、それを自分たちの管理下に置こうと、自分のものにしてしまおうとする考えが起きてきました。創世記のアダムのように、自分のものではない神のものを、神の賜物であるリンゴを勝手に自分のものにして食べてしまいます。これではユダヤ民族を迫害した他の民族と同じで、対立しかここからは生まれてきません。

　あなた方を迫害した方々は利己的で、アダムでした。そしてあなた方も利己的で、アダムと同じです。

　でも、このことはユダヤ民族が迫害の歴史から見つけられた、ユダヤ民族が世界の盟主となる安住の地であると思いま

す（欲に目が眩んだシオニズムの便乗者 (28) もいるようで
すが、ここの方々は人間的にも愛を知らない人々です）。ユ
ダヤ民族が迫害された歴史を見れば、シオニズムがなぜこの
ような考えに至ったのか分かりますが、残念ながら、マルク
スの論理的不備が明らかになりました。彼の論理は「シネ・
クワ・ノン（必要十分条件）」の意識ではありません。何となく
ご理解していらっしゃると思いますが、西田博士の言われ
る知的自己の、デカルトの言う我、Ego に偏った知的自己の
意識、私と対象界であり、神の創造がない Ego で考えた安
住の地であり、自我の知恵です。今度はあなたたちが迫害者
に、加害者になってしまいます。迫害された人たちの、被害
者の心情は、あなた達が一番よくご存じのはずです。

　安住の地は、アインシュタインが日本に来られ、感想を述
べられたときに語られた日本人の民度や、YouTube の皆さん
が言われる江戸時代の民度を形成した日本の国体が安住の地
です (14)。ユダヤ人の、アラブ人の心を、ロシア人の、ウク
ライナ人の、人類の心を映した日本の国体が、八紘一宇が、
「ロマ書11-15　世の和解」が安住の地です。聖徳太子（厩戸皇
子）が「以咊為貴」と言われましたが、これは、西田博士
の言われる愛、時間面的形相限定→質料、自愛の主体（アウ
グスチヌスの三位一体論）、と欲、空間面的質量限定→形相、「2-1
外を内に映す」「自知の主体（アウグスチヌスの三位一体論）」と
の、「NKZ6-348-5　共同意識」の協調であり、質料・霊・形相
しか、最古で最新の三位一体しかありません。

君民共治
国家と国民　天皇と大御宝

　馬渕睦夫先生が「復古」であり「君民共治」と言われ、水島総先生が、田中英道先生が「復古してまさに君民共治の日本にする」と言われ、僕も、出雲大社で、八百万の神々が集まる神在月に執り行われる神在祭、神議り(かみはかり)もその一環であると思います。天照大神と国を譲られた大国主命との協調、伊勢神宮（神嘗祭）（新嘗祭）（君）と出雲大社（神在祭）（神議り）（民、体験者とその仲間）（征夷大将軍）、天皇と大御宝、君と民、愛と欲との協調が、質料・霊・形相、「三位一体」が「欲望の奴隷」から抜け出すことのできる最古で最新の心の様子です。何も新しい日本を創る必要はありません。場所が場所自身を限定する「三位一体」が、山海経が言っているように、「神仙」が、天皇陛下が住まわれる日本の君民共治が、最古で最新です。シオニズムの方々にもご理解願えれば幸いです。

　　三位一体
　　質料・愛・協調・欲・形相→　自覚的立場
　　顕在意識・天照大神・協調・大国主命・潜在意識
　　私・天照大神・国譲り・大国主命・汝→　自己自身を表現するものの立場
　　三位一体

私と対象界で、「欲」で、ケインズの言う欲望の対象で、利己で物事を見るのか、それとも私と対象界の汝との協調で、愛と欲との協調で、聖徳太子の「咊を以て貴しとなす」で物事を見るのかで全てが決まります。主観と客観で、利己で考えるのか、主観と客観に分かれる以前の主客未分から、私と汝、第一人格と第二人格から、意識と無意識から、自分ともう一人の自分から出発するのかで決まります。(26)

「協調」南山大学『東西宗教研究』講演（三）カール・バルト神学について
滝沢克己　48頁

　閑話休頭　　（^o^）　（^-^）

　欲望から、私と対象界、ケインズと月、貨幣、主観と客観から出発するから、悪事に手を染めるのです。

　閑話休題

「コリント人への第二の手紙　3-17　主は霊である」の「主」に於いて、宗教的体験に於いて、「心霊　西田」、「霊性　鈴木大拙」、「霊感　（9）」で、自分ともう一人の自分に、神の字を見ている自分と、神の字を見せている自分に、主客未分に気づけば→神の字を書いてみてください。顕在意識、潜在意識、意識と無意識、私と汝で、私と空間面、頭に浮かんだもう一人の自分が見せた神の字を見ながらなぞりますので、顕在意識、見る意識、「第一人格　ユング」と、潜在意識、映す意識、「第二人格　ユング」であり、そこには主観、客観がありません。また、発生しませんので、主客未分に気づくことができます。宗教的体験でも、「NKZ6-370-5　環境的限定の意義→時間面・生・無・死・空間面」、「私、時間面・生・

無・死・空間面、神の字」、「質料・愛・無・欲・形相」と
「時間面的形相限定・愛・無・欲・空間面的質料限定」、「時
間面的形相限定・生・無・死・空間面的質料限定」、顕在意
識と潜在意識、「見る意識と映す意識」、「私と汝」、自分ともう一人の自分になります。

「神武天皇の建国の理念の詔、八紘一宇」に、パウロの言葉
で言えば「ロマ書11-15　世の和解→八紘一宇」になり、他者
との対立が、争いが、戦いがなくなり、世の中に平和が訪れます。紀元前660年に、神武天皇に於いて日本国が建国され
ました。万世一系が今日まで続いて、日本はとんでもない持
続可能な社会ですし、これからも続きます。

　また、欧州に於いても、パウロの言われる「ロマ書11-15
世の和解、八紘一宇」です。これに気づかなかったなら、
我々はマルクス・ガブリエル教授の言われるように「欲望の
奴隷」から抜け出すことができません。対立がはびこり、争
いが絶えません。欧州に於いては預言者の、体験者のエレ
ミヤやエゼキエルの活躍にも関わらず、2500年以上もの間、
対立があり、争いが起こっていますし、今日でもウクライナ
やパレスチナで火の手が上がっています。このことはよくご
存じであると思います。

　意識は、「自覚的立場」と「自己自身を表現するものの立
場」、顕在意識と潜在意識、第一人格、第二人格、私と汝と
で成立しますが、シオニズムはマルクスと同じで「自己自身
を表現するものの立場」が、神話的、宗教的な愛がありま
せん。彼らは、私と対象界、カントと悟性概念、マルクス

と類、ケインズと貨幣になり、「疎外」ゆえ、それを欲する「欲」だけで、「自覚的立場」だけで、デカルトの「自我」だけで、私と対象界、主観と客観で心が成立しています。

　シオニズムは私と神との契約に、私と対象界になりますので、対象物に「私欲　西田」が発生して、キリスト教、カント哲学と並んで「共産的世界主義　西田」、グローバリズム、君主制になり隷属関係が発生します。ですから、博士が「共産的世界主義　世界新秩序の原理」と言われているように、今日、世界が、特に米国が左傾化、共産化しています。西田博士は既に、今日の世界情勢を見通していらっしゃいます。共産主義の実験はソ連崩壊で成功しなかったが、失敗したにもかかわらずその生命力は失われていない。朝鮮の「主体（チュチェ）思想」はグローバリズム、共産主義であるが、世界各国で研究が行われている、と述べていらっしゃいましたが。日本は顕在意識と潜在意識で、神の意志、仏の知恵を (10)、お人好しを、和を以て貴しとなす、を、利他を発揮できますが、外国に於いてはデカルトの我で、顕在意識のみで Ego の意志、自我の知恵だけで、聖書にある「選民」意識が心の根柢にあり、自己主張を、利己を大いに発揮します。

　そして、彼らは、武田邦彦先生がよく言われる二重人格者です。それは彼らの得意とする、Ego の意志、自我の知恵で、利己で論理を作り上げ、生得的にある「愛」で、隠されている利己が見えないように、見つからないように、その論理を言い繕います。それの一つが、最近起こった世界的な病

気ですし、馬渕睦夫先生がよくおっしゃるディープステートの、欧州の貴族や金持ち集団の組織や、国際機関の発する政策です。どうして、日本は彼らの作った政策や理論を何の疑いもなく、国会で当然のように議論して、当たり前のようにして、受け入れるのですか。

　マルクスの論理でも神の字が一応書けますが、それは「自己自身を表現するものの立場」が、マルクスの気づかない、気づいていないところで働いたからです。西田博士が言われるように、

　　　愛を以て自己（神の字）を知らんとする（書こうとする）精神（心）（私と汝）（私・生・無・死・汝）（時間面的形相限定・生・無・死・空間面的質料限定）は既に自己（神の字）（時間面・生・無・死・空間面→神の字）を知り居るもの（書くことが出来るの）である。「アウグスチヌスの三位一体論」

　汝が、空間面的質料限定が、空間面に映した神の字を、時間面の、時間面的形相限定の私が、汝が示した神の字を見ながら、なぞって書けるのです。

　ですから、マルクスの論理では、私と対象界、作用界と対象界、時間面と空間面に、彼が気づいていない、自己自身を表現するものの立場、が働いたから「類」が出てきたのです。ヘーゲルの「自己疎外的精神」、それも同じです。

　マルクスの論文を読んでいただければ分かりますが、当為、類、物質、「人間的主体　滝沢克己」、疎外、「目的」、主

観と客観、対立などが出てきます。しかし自己自身を表現するものの立場が考慮されていませんので、「人間的主体 滝沢克己」、当為、類、物質、などは出てこないので、神の字は書けませんし、類との疎外も言えません。でも、それが出てきたのは、彼の関知しないところで「自己自身を表現するものの立場」が働いたからです。つまりマルクスは自己自身を表現するものの立場に、汝に、ユングの言われる「第二人格」に気づいてはいらっしゃらないのです。「自己自身を表現するものの立場」が、「第二人格」が、「映す意識」があって意識として成り立っているのです。私、時間面的形相限定・愛・協調・欲・空間面的質料限定→神の字は、時間面・生・無・死・空間面、私・愛・協調・欲・神の字、なのです。神の字を書くときには、頭に浮かんだ神の字を見ながら、それをなぞって書きますが、憂鬱なんかは多くの方は、記憶にないから書けません。自覚ができません。つまり、当為が、神の字、憂鬱が、マルクスでは「類」が出てこなければ、見つけることもできなければ、自覚もできませんし、書くことも論じることもできません。

　そして、記憶に有るものは、神の字は出てきますが、何故かしら阿頼耶識に有るもの、「5-5 所与 西田」にある当為は、類は宗教的体験や心霊などでしか出てきません。そして、宗教的体験や「心霊 西田」、「主の推薦 パウロ」、「観想 マルクス」、「霊性 大拙」で見ることを、禅では見性と言います。

　また、「自覚」のできない状況を、西田博士の言葉で説明

すれば、「NKZ6-370-5　環境 (物体界) (主) 的限定の意義 (時間面・動・無・静・空間面) (作用界・生・無・死・対象界) (私と汝) を失つた環境 (神の家) と考へられるものは単なる映す鏡と考へられ (る)」になります。

　このことは、鈴木大拙博士の言われる、明鏡相照らす、の「鏡」には何も映つてはいない、映してはいない、頭には、空間面には当為、マルクスなら「類」というものが浮かんではいない、神の家には神様がいらつしやらなかつた、お留守だつたという状態で、自分がその環境に居るのだけれど何も見えていないという状態です。明鏡相照らす、ではなくて、「単なる映す鏡」、空間面で、ちよつとした神秘体験をされた方や、僕の場合がそれで、なんにも環境には、頭の中にはありませんでしたが、僕は、何故かしら「禅僧はその境地を表す」という事を知つていましたので、自分自身に何を見せてくれるのか聞いてみました。それが良かつたんですね。そしてそれは、マルクスが「観想 (32)」で、心霊で、宗教体験で見たものは、見性したものは「類」ですが、僕は類ではなくて別のものですが、見せてくれましたし、見えました。僕は、一匹狼でしたので、それを、当為を特定するのに、時間がかかりました。

　ですから、マルクスが「類」について論じられるなら、彼が「観想」された時、宗教的体験をされた時には、『時間面的形相限定・愛・協調・欲・空間面的質料限定→時間面・生・無・死・空間面』が、『私と汝→時間面・生・無・死・空間面』が成立していた、場所が場所自身を限定した、とい

う事で、私と汝に、第一人格と第二人格になっていたという事です。だから、マルクスは「自覚」した、類を、神の字を、空間面に於いて見たにも関わらず、もう一人のマルクスに気づいてはいらっしゃらないという事で、彼の理解は、デカルトの我、知的自己の知的直観であり、マルクスと神の字、マルクスと対象界、私と空間面、マルクスと類→疎外された類、マルクス・生・無・死・類、時間面・動・無・静・空間面だけです。ですから西田博士が言われるように、「2-1　外を内に映す」、「私、内、時間面・動・無・静・空間面、外、当為」、「ケインズ・生・無・死・月」になり、ケインズのように、デカルトの自我ゆえに、神と呼ぶところのものに、当為に、「類」に「希求」が、「私欲」が、「目的」が、「欲望」が「疎外」ゆえに、私と対象界、ケインズと対象界、ケインズと月・貨幣ゆえに発生します。

　　「マルクスの『類的疎外』規定の検討」沢田幸治　神奈川大学学術機関リポジトリ　37頁

　自然は人間（心と体）の非有機的な体（類）（物質）である。つまり、それ自体が人間の身体なのではないかぎりでの自然はそうなのである（物質即精神なる神の、人間の喪失）。人間は自然（物質）（類）によって生きるということは、自然（類）は彼の体であって、死なないために人間はこの体といつもいっしょにやっていかなければならぬということである。人間の肉体的および精神的生活（私と類、神）（私と物質）（ヘーゲルは自己疎外的精神）が自然（物

質）と繋がっているということは、自然（身体）が自然自身（物質）（物体界、主に於いて観想する対象界、物質界、類）と繋がっていることを意味するものにほかならない。けだし人間は自然（物質）（類）の一部だからである。

「マルクスの『類的疎外』規定の検討」沢田幸治　神奈川大学学術機関リポジトリ　37頁より

　疎外された労働（資本家・労働者）は人間から（一）自然（生産物）を疎外し、（二）彼自身を、換言すれば彼自身の能動的なはたらき、彼の（本来自由であるはずの）生活活動を疎外すること（資本家・労働者）（私と商品）によって、人間から類（人間的主体　滝沢克己）（生産物）（物質）を疎外する。それは人間にとって類生活（私と類、神）（精神的生活）を個人的生活の手段（対象）（疎外）（方法）（私と商品）たらしめる。第一にそれは類生活（私と類、神）と個人的生活（私と商品）を疎外し、そして第二にそれは後者（個人的生活）（私と商品）をそれだけとして切り離されたかたちで前者（私と類、神）の —— 同じようにそれの抽象的（主に於ける観想的）な、そして疎外されたかたち（私と対象界）での前者（私と類、神）（超越的内在　西田）の —— 目的（疎外ゆえそれを求める心）（私欲）（利己）（私と商品）（信仰）たらしめる(25)。

　マルクスは「自己自身を表現するものの立場」を考慮に入れてはいません。ゆえに、愛と欲との協調を、生と死との刹那を、心と身体の関係を神話的、宗教的に知らないのです。

ゆえに神の意志、仏の知恵がそこからは出てはきません。出てきたのは、そこにあるのは「デカルトの我」、「Egoの意志」、「自我の知恵」、「主観と客観」、「疎外」、「対立」、「私欲」、「目的」、目的のために手段を選ばず、暴力革命です。また、力による支配を認めていますので、政策を行うためには、利益を追求するためには人の死をも省みません。ヒットラー（カント）のジェノサイド、スターリン（マルクス）のホロドモールは典型的な例です。また、今日でも同じようなことが、馬渕睦夫先生が論じていらっしゃるように、「共産的世界主義　世界新秩序の原理」者によって起こっています。

　閑話休頭　一休みします　　(^O^) (>_<) (^-^)　刹那は、生と死との、心と身体の間隙、生体と物質、脳みそ、博士の言われる「NKZ6-347-4　場所的切断」の働きで、一枚の画像を心象してみてください。この画像が映画みたいに一枚一枚映し出されますと被写体が動きます。これが、非連続的連続、無媒介的媒介です。話が飛びますが、このことが成長ブロック宇宙論を担っていると僕は思います。何故かというと、僕たちは夢を見ることができるからです。(22)

　閑話休題　人は生得的に愛と欲とを備えていますので、欲望が主体のグローバリズムの「主体（チュチェ）思想の研究が盛んで、その生命力は失われません」、とおっしゃっていましたが、欲望は人として陥りやすいところですが、神話的、宗教的に「愛」を知らなくても、人として生得的に備わっている「愛」を知っていれば、忘れていなければ愛と欲との均衡に、協調に於いて行動できると思います。愛と欲との協調

関係に於いて、和を以て貴しとなす、に於いて力を発揮できると思います。日本神話の天照大神 (愛) と国譲りをした大国主命 (私と対象界) (自覚的立場) (欲)、小名木善行先生が論じていらっしゃったシラスとウシハク、天照大神と大国主命が転じて商売繁盛を願う恵比寿様と大黒様の協調、渋沢栄一先生の「論語と算盤 (ソロバン)」と、それから、武田邦彦先生が説明にご苦労されている、日本人の長所であり、私と対象界の人間から見れば格好の弱点である、あの人がそんなに悪いことをするはずがない、という正直でお人好しです (ですから、何度も騙されます)。自己自身を表現するものの立場、「目的のために手段を選ぶ」、「和を以て貴しとなす」、「愛・協調・欲→霊」、「生・協調・死→霊」、質料・霊・形相、三位一体、絶対無になると思います。

　馬渕睦夫先生が仰っていた、アメリカ大統領のトランプさんの国連演説や、八紘一宇、石平先生が言われた論語、渋沢栄一先生の「論語と算盤」などは良いですね。愛があれば、Ego の意志、自我の知恵ではなく、神の意志、仏の知恵 (10) になると、自らを律するもの、良心になると思います。家庭菜園もいいと思います。天皇陛下に倣って神の「賜物」を食して賜物、報酬、当為で天と地が一体となる、天上の世界の高天原と、地上の世界の豊葦原の瑞穂国を、神様の賜物、報酬、当為で一体に『結ばれる』新嘗祭を、「NKZ6-368-9　物質即精神なる神」を、場所が場所自身を限定する、を宜しかったら体感してください。

　先の大戦は、僕なりに勉強した結果、日本の文化、それは

愛、利他と、それ以外の文化、欧州や中国の文化、それは欲、利己の文化であり、利他と利己との衝突、協調と対立の衝突、「私、時間面的形相限定→愛・協調・欲←空間面的質料限定、汝」→「時間面・生・無・死・空間面」と、「時間面・生・無・死・空間面」との衝突、「自己自身を表現するものの立場」と「自覚的立場」、主客未分、お人好しと、主観、客観、自我、我欲との戦い、八紘一宇（パウロの言葉で言えば「ロマ書11-15　世の和解」）と、植民地主義、人種差別の戦いであったと思われます。

　閑話休頭　ですから、「欲望の奴隷」に別れを告げて、大国主命のように、さっさと国譲りをして、私と汝の統一をして、八紘一宇を広め、世の和解をしてください。(^_^)(^O^)（^-^)　植民地主義、人種差別が、「略奪」などが国譲りに於いて消滅します。

　閑話休題

　また、それに先立って行われたヴェルサイユ会議では日本が、人種差別の撤廃を提案して、各国の賛同を得ましたが、ウィルソンの不意を衝く反論にあい、成立しませんでした。人種差別の撤廃や、各国の独自性を、独立性を重んじる八紘一宇（パウロの言葉で言えば「世の和解→八紘一宇」）のような条文を世界に先駆けて日本が提案しました。こんなことを提案したのは日本だけです。ゆえに、日本の行動を見ていた東南アジアの「植民地」の人々が、精神的に力を得て、植民地支配を、人種差別をしている、侵略者である欧米に対して、人種差別の撤廃と独立に向かって戦い、自分たちの国を

建設して、独立し、その意思を果たしたと思います。それに、その独立戦争に参加された多くの日本兵の方々もいらっしゃいました。また、心無い GHQ や近隣諸国の、日本を貶めようとした、方向を間違えた政治的宣伝に、又は、ある集団や国際機関の洗脳的な発言や政策、カントやマルクス、ケインズの論理や、カントを基調とされているマルクス・ガブリエル教授の論理に多大に影響を受けている人々の、日本の評価、発言を気にすることはありません。心が私と対象界で、デカルトの自我と対象界で成立している彼らは、神話的、宗教的に愛を知らないのです。欲しか知らないのです。文化的遺産を、愛を受け継いでいらっしゃらない人々で、隣国の政治的指導者は、文化的遺産である論語があるにもかかわらず、人間的にも愛を知らない人たちです。このような世界観ではあまりにも人として寂しすぎますね。

　パウロの言われる「ロマ書11-15　世の和解」を成し遂げるために、彼らが、神話的、宗教的に、「自覚的自己」と「自己自身を表現するものの立場」の場所が言う「以和為貴」を、西田幾多郎博士が「アウグスチヌスの三位一体論」に於いて論証された「三位一体」に、公案に挑戦して気づくと一番いいのですが、石平先生が言われた論語を、渋沢栄一先生の「論語と算盤」を勉強したり、家庭菜園も良いと思います。天皇陛下に倣って神の賜物 (当為　西田幾多郎) を食して、一つとなってください。その行為は、大国主命 (欲) が天照大神 (愛) に、国を譲られた行為と同じです。愛があれば、Ego の意志、自我の知恵ではなく、神の意志、仏の知恵に、

「物質即精神なる神 (真如)」になると思います。馬渕睦夫先生に教えてもらったトランプ大統領の国連演説や、石平先生が言われた孔子の「論語」や、渋沢栄一先生の「論語と算盤」に、神武天皇が建国の理念を言い表された八紘一宇に、パウロの「世の和解」になります。

大拙博士の、西田博士の論理で言えば「明鏡相照らす、主客未分」であり、「私と汝の統一」、「意識と無意識の統一」、「見る意識と映す意識の統一」、「NKZ6-400-4　個人的自己の意識統一」で、その根柢は、質料・生・協調・死・形相、質料・愛・協調・欲・形相、質料・霊・形相、三位一体、絶対無で、場所（絶対無）が場所自身（質料・愛・協調・欲・形相）を限定（時間面的形相限定・愛・協調・欲・空間面的質料限定）する（時間面・生・無・死・空間面）（質料・愛・協調・欲・形相）です。

このようになれば、武田邦彦先生が言われる「力ずくではない社会」が、協調的文化社会が出現し、皆さんはお人好しになる。利己ではなく利他になる。そうなれば、時が経てば、YouTube の皆さんが言われる江戸時代の民度になり、正直で明るい人に、お人好しになり、対立がなくなり、争いがなくなってきます。

武田邦彦先生が、日本は「神様も驚くくらいの立派な国だった」と仰っていましたが、僕は全面的に同意しますし、これからもそうです。僕たちは、神話的、宗教的に理想郷に住んでいます。馬渕睦夫先生や水島総先生も仰っていましたが、何も新しい日本を作ることはありません。国家を立て直

すには復古しかありません。西田博士のおっしゃる通り、建国の精神、八紘一宇が最古で最新の論理です。場所が場所自身を限定する三位一体に気づくことが肝要です。山海経が言っているように太古の昔から扶桑の国、神仙の、天皇陛下の住まわれる理想の国、蓬莱山、理想郷です (14)。

　お互いが協調すれば愛が生まれ、欲が先行すれば対立が発生します。また、お互いが愛を以て向かえば協調が生まれ、欲を以て向かえば対立が発生します。

　つまり、マルクスや、ケインズのように私と対象界で物事を捉えるか、それとも私の対象界の汝との愛・協調・欲、生・無・死で物事を捉えるかで、主観と客観で物事を見るのか、それとも主客未分から出発するのか、欲で思考するのか、愛と欲との協調で思考するのかで全てが決まります。ですので、体験世界を知らなくても、あなたに生得的にある愛と欲を知っていれば、忘れなければ大丈夫です。私と汝や主客未分は、字を書けば理解できますし、私と汝、第一人格と第二人格の存在は、字を書けば証明できますが、ヘーゲル、マルクス、カール・バルトと滝沢克己博士、スピノザも証明してくれました。これだけ知っていればあとは「霊」だけです。西田博士が「NKZ6-347-4　場所的切断」と言われていますので、霊は、僕の神話友達が言ったように、脳みそ、生体と物質の、質量と形相の相互限定 (7) ですので「生かせたる」と、覚えてしまえばそれで良いと思います。公案を解くのが一番ですが、公案を解いた僕でも、公案の解が言う理解がありますが、言葉にすると霊はそれくらいの理解です。ま

た話が飛びますが、僕は、数学も心得がありませんが、時間を表す（t）が相殺されるホイーラー・ドウィット方程式が役に立つと思います(22)。

西田博士が、

　而して斯く歴史的地盤（人はもともと仏である）から構成せられた特殊的世界（パウロが語る物語を聞くことが出来る耳を有った人たちとその仲間）（シャーマンとその仲間）（神話を語る主の僕とその仲間）が結合して、全世界（人類）が一つの世界的世界（意識）（私と汝）（人格）（釈迦）（イエス）に構成せられる〔世界的世界（人格）の建築者〕(21) のである。かかる世界的世界（意識）に於ては、各国家民族が各自の個性的（個と個）（私と汝）な歴史的生命（創造物として）に生きると共に、それぞれの世界史的使命（ノエマ・ノエシス）（心の内容・心の作用）（和を以て貴しとなす）（知恵）を以て一つの世界的世界（意識）（人格）に結合する（私と汝の統一）（我々）（神話の下に置かれる）（国家・国民）（天皇・大御宝）（天皇制）〔日本の国体〕のである。これは人間の歴史（八八、百八）（創造物）的発展の終極の理念であり、而もこれが今日の世界大戦によって要求せられる世界（場所的有）（自己）（心の発展）（人格形成）新秩序の原理でなければならない。

　我国の八紘為宇（八紘一宇）の理念とは、此の如きものであろう。畏（かしこ）くも万邦をしてその所を得せしめると宣（の）らせられる。聖旨（せいし）も此にあるかと恐察し奉る次第である。拙著「世界新秩序の原理を読む」より

〔　〕加筆しました。

　我国の国体の精華が右の如くなるを以て、世界的世界（人格）（理性）（意識）形成主義とは、我国家の主体性を失うことではない。これこそ己を空うして他を包む我国特有の主体的原理である（和を以て貴しとなす→思いやり、協調、愛、慈悲、悲願←非連続の連続・無媒介的媒介が内蔵します）（それぞれの役割を有つ）（評判の良い自衛隊の国際貢献活動が似ています）。

　之によって立つことは、何処までも我国体の精華を世界に発揮することである。今日の世界史的課題の解決（ロマ書11-15　世の和解）（神話の下に置かれていない）（世界状勢は世界が何処までも一とならざるべからざる。これらの解決）が我国体の原理から与えられると云ってよい（心より同意します）（一日でも早く、気づかれることを願うばかりです）。

　英米が之に服従すべきであるのみならず、枢軸国も之に倣（なら）うに至るであろう（心から願うばかりです）（もし、そのようになれば「ロマ書11-15　世の和解」が始まります）（「世の和解」が成し遂げられたなら、バチカンがパウロの戴冠式を執り行われると思います）（時が経てば、民度が、YouTube の皆さんがよく言われる晴れやかな、穏やかな、正直な江戸時代の民度になると思います）。
拙著「世界新秩序の原理を読む」

と論じていらっしゃいますが、もし、博士の言われたことが、そして「ロマ書11-15　世の和解」、「八紘一宇」が、協調的文化社会が、以和為貴が、「人類の意識大改革」が、この

「真のグレートリセット」が英米や枢軸国、それに他の諸国に於いても実現できなければ我々は、マルクス・ガブリエル教授の言われている通り、私と対象界では、ケインズと月・貨幣ではいつまで経っても「欲望の奴隷」です。欲望と対立が、格差が、隷属が、社会に永遠に蔓延 (はびこ) ります。

　外国ではおおよそ3000年もの間蔓延っていますが、日本に於いては、天照大神が転じて恵比寿様、大国主命が転じて大黒様で、外国の私と対象界ではなく、私と汝のお人好しで、恵比寿様と大黒様の協調で、「論語と算盤」で今日までやってきましたので、外国における、私と対象界の、「欲望の奴隷」には一度も陥ったことがありません。なぜなら、大国主命が天照大御神に国を譲られ、君民共治だからです。神の「エレミヤ書2-11　栄光は／益あるもの」なのです。

ダボス会議

　閑話休頭　だから、ダボス会議に出席される方々や、馬渕睦夫先生が言われるディープステートの方々、シオニズムに便乗した方々 (28) は、大国主命に倣って、さっさと国を天照大神に譲って、欲からではなく、愛と欲との協調、和を以て貴しとなす、から出発してください。(>_<)　(^O^)　(^-^)これが、「欲望の奴隷」から抜け出す唯一無二の方法であり、高天原と豊葦原の中つ国とを賜物、当為で結ばれる、新嘗祭を執り行われる陛下を象徴として、伊勢神宮 (神嘗祭) (君) と出雲大社 (神在祭) (民、体験者とその仲間) の協調で、そして、君

民共治で抜け出してください。いつまでも欲望で、心に悪魔を住まわせて、神様がお留守の城に住み、悪魔に心を奪われた正真正銘の欲望の奴隷の座に居座らないでください。西田博士が「善（心の作用・心の内容）（宗教）とは一言にていえば人格の実現である」と言われていますが、そこにいつまでも居続けるのなら、あなた方の人格は、マルクス・ガブリエル教授の言われた通り「悪魔に心を奪われた正真正銘の欲望の奴隷」です。あなた方は、主観と客観から、私と対象界、自覚的立場から、ケインズと対象界、ケインズと月、貨幣から、欲望から出立するから、悪事に手を染めるのです。

　しかし、正真正銘の欲望の奴隷でも神の字が書けますし意志も表すことができます。あなたの心の中に、神と呼ぶところのものが、場所が場所自身を限定する「NKZ6-368-9　物質即精神なる神（真如）」の働きがあり、神と共にこの世にいらっしゃいます。「コリント2-10-18　主の推薦」で、宗教的体験で知るのが一番ですが、たとえ、神話的に、宗教的に愛を知らなくても生得的に愛をご存じですので、家庭菜園でもしてください。当為に、収穫物に、神の賜物に、ケインズの言う欲望ではなく、感謝の心が生まれます。神の創造物が、アダムみたいにリンゴを勝手に食べて、神に背いてどうするのですか。キリスト教的に言えば、神の怒りを買い、滅ぼされます。アダムも、働きなさい、と諭され、働いて「創世記3-22　善悪を知るもの」になりました。

　閑話休題　最近、「共産的世界主義　西田」に、GHQの意図的な日本を貶める政治的宣伝や広報活動に染まった方や、

隣国のマルクス主義やチュチェ思想に染まった方が、特にテレビに出演されていて、広報活動をされています。

　僕がよく分からないのは「共産的世界主義　世界新秩序の原理」者の言動や、隣国の国々の言動は、例えば、ダライ・ラマのチベットやウイグルの方々の扱いを見ていると、また、ヒットラー、スターリンや、毛沢東、ポルポトを見れば人権を無視した扱いで到底容認できるものではありません。大和心の日本人には馴染めないのに、そのような国の代弁者が多くいらっしゃって、国会議員や官僚の中にも、都道府県の知事にもいらっしゃいます。何故そのような元首の国に加担されるのか。歴史を勉強すれば我々日本人が、近隣諸国や、GHQの言うような軍国主義、侵略主義、植民地主義など、このようなことは私と対象界しか知らない、宗教的体験を知らない、「エレミヤ書2-12　主を捨てた」、神話的、宗教的に愛を知らない、主客未分を知らない、僕たちの先人が戦った欧米や中国の、日本を、日本人を貶める政治的宣伝であって、パソコンで言えば、欲望のソフトが入っているパソコンで、意識が主観と客観からしか出発できない、私と対象界から思考する、我欲の強い彼らこそが「共産的世界主義　西田」、軍主義、侵略主義、人種差別主義、植民地主義であり（コロンブスが上陸した北アメリカや南アメリカの惨状を見てください）（世界に於いて植民地支配をしていた英国を見てください。世界中に植民地を所有していて、太陽が沈まない国だそうです。オーストラリアのアボリジニの惨状を見てください。彼らは狩猟の対象の獲物となったことがありま

す)、我々の先人はそのような彼らに立ち向かい、戦ったことが分かります。そのことがよくわかる出来事が、第一次世界大戦後のパリ講和会議で、世界で初めて日本が人種差別撤廃の提案を行っているのですよ。そして、その信念で先の大戦も、東南アジアを植民地支配や隷属支配をしていた侵略者の欧米と戦いました。こんなことは勉強すればすぐに分かるのに、僕がよく分からないのは、こんな素晴らしい日本を内から弱体化しようとしていらっしゃる方が多くいらっしゃいます。あなたは日本人ですか。最近よく、世界選手権などで話題になる大和魂を心に秘めた日本人ですか。勉強すれば、欧米や近隣諸国と同じように、欲望から出発されている方がどなたなのか、パソコンで調べればすぐに分かるようになります。僕もそれなりに、勉強しました。勉強して前述のことも分かりましたが、僕が唖然としたのは、自分たちの支持母体が宗教団体なのに、宗教は阿片である、と宗教を否定したマルクス主義に、共産主義に、無神論に加担している（僕が見る限り彼らは隷属しています）党があり、その国で布教を目指していると言っています。こんな矛盾が平気でまかり通っています。2023年でしたか、「外国人土地売買の規制法案」が国会に提出されましたが、この法案を骨抜きにしたのはこの党です。外国人に土地を売るなんて、一刻も早くやめてほしい。ロシアがアラスカをアメリカに売りましたが、日本をアラスカにしたいのか (27)。それに、派遣社員制度は、回り回って、国力が衰える方向にあると思います。僕は、国会で派遣社員のことが審議されていた時、こんなことをした

ら結婚が難しくなるぞ、と思っていました。

　僕は、仕事の上で、信者の方を何人か知っています。皆さん、純朴で気さくでいい方ばかりです。彼らは信者の方々をどのように思っているのでしょうか。彼らは信者の方々を、自分自身を、そして日本をないがしろに、侮辱しています。日本の国は、大和の国は、父母がいて、あなたが生まれ育ち、子どもや孫たちがこれから住む国なのですよ。

　国を失った方々が、追われた方々が、国の支援を受けられず、筆舌に尽くし難い悲惨な目に遭われたことをどのように思われているのでしょうか。あなたの頭のパソコンに入っている欲望のソフトを急いで協調のソフトに入れ替えてください。馬渕睦夫先生に教えてもらった大和心が芽生えると思います。マルクスでは、論理的な不備があり、シネ・クワ・ノン（必要十分条件）、ではなく、彼の論理は砂上の楼閣です。西田博士が「善（心の作用・心の内容）（宗教）とは一言にていえば人格の実現である」と言われていますが、論理的不備のあるマルクスでは、人格としては褒められたものではありません。彼の論理は世界に対立と混乱を招いただけです。人格は、場所が場所自身を限定するが、以和為貴、厩戸皇子が人格です。西田幾多郎『善の研究』岩波書店　202頁

　日本ほど三位一体に徹した国は、愛と欲との協調に於いて、和を以て貴しとなす、に徹した国はありません。主客未分が思考の出発点であり、会話に於いては主語が省かれ、自我が希薄で、正直でお人好しです。

シオニズムとシオニズムに便乗した人たち

5-12　今や新たなる文化（神話）（5-7　歴史的社会）（世の和解　パウロ）の方向が（再び）求められなければならない、（神話を語り得る）新たなる人間（預言者、シャーマン、体験者、第二の西田幾多郎、鈴木大拙、上田閑照、5-13　内在的超越のキリスト、5-2　主の僕、第二の主イエス・キリスト）が生まれなければならない（異議ありません、心から同意します。ここが僕の目的地）。

4-19　矛盾的自己同一の根柢に徹することを、見性というのである。そこには、深く背理の理というものが把握せられなければならない。禅宗にて公案というものは、これを会得せしむる手段にほかならない。拙著「場所」

アウグスチヌスの三位一体論

西田幾多郎博士は海中の水を手にて汲み尽くされました

アウグスチヌスの『三位一体の十五篇』De Trinitate Libri. XV（三位一体の書十五）の中に含まれた三位一体に就いての考は古来此論に就いて書かれたものゝ中で最も深いものだと云はれて居る。アウグスチヌスが如何に三位一体の解釈を求めたかを見よ。

アウグスチヌスは之を最も深き自己の内省（宗教的体験）（心霊　西田）（霊性　鈴木大拙）（観想　マルクス）（霊感　カール・バルト『ローマ書講解　上』13頁）（コリント2-3-17　主は霊である）に求めたと云ふことができる。深く我々（私と汝）（第一人格と第二人格　ユング）の自己を内省（宗教的体験）するに、自己（時間面）（意識）（顕在意識）（私）と自己（空間面）（無意識）（潜在意識）（汝）の意識と自己（時間面的形相限定・愛・協調・欲・空間面的質料限定）の愛と、此三者は直に一（質料・霊・形相→絶対無）である。

協調性　異なった環境や立場に存する複数の者が互いに助け合ったり譲り合ったりしながら同じ目標に向かって任務を遂行する性質　Wikipedia
愛・協調・欲　→　和を以て貴しとなす。聖徳太子（厩戸皇子）

「協調」南山大学『東西宗教研究』講演（三）カール・バルト神学について　滝沢克己　48頁

　完全なる自己（空間面）（当為）（神の字）の知識即ち自覚（私・生・無・死・空間面→神の字）（時間面・生・無・死・空間面→神の字）が自己自身（顕在意識・生・無・死・潜在意識）（私と汝）（第一人格と第二人格）を知る自己（顕在意識と潜在意識）（私と汝）其物であり、完全なる自覚（時間面・生・無・死・空間面→神の字）（時間面・愛・協調・欲・空間面→神の字）（時間面・霊・空間面）「自覚的立場」、（時間面的自己限定・生・無・死・空間面的自己限定）（時間面的形相限定・愛・協調・欲・空間面的質料限定）（時間面的形相限定・霊・空間面的質料限定）「自己自身を表現するものの立場」に依って完全に自己（形相）（物質）（死）を愛すること（限定する）（時間面的形相限定）→（質料）（生体）（生）即ち完全なる自愛（生）（生かせたる　神話友達）（時間面的形相限定）→（私）（質料）が自己（神の字）（空間面）（形相）を知り自己（形相）を愛する（時間面的形相限定）→（私）自己其物（時間面・生・無・死・空間面）（自覚的立場）、（時間面的形相限定・愛・協調・欲・空間面的質料限定）（時間面的形相限定・霊・空間面的質料限定）（自己自身を表現するものの立場）、（意識と無意識）（私と汝）（第一人格と第二人格）である。アウグスチヌスは次の如く云って居る。

　（物質即）精神（生）（私）が己（当為）（類）（物質）（神の字）（死）を知り己（当為）（類）を愛する時（限定する時、生かせたる）（時間面的形相限定）（私）（生）（心霊）（霊性）（コリント2-3-17　主

は霊である）（生かせたる　神話友達）、そこに精神（霊）（真如）、愛（非連続的連続）（心の作用）（愛）、知（無媒介的媒介）（心の内容）（死）（汝の示した当為）→（神の字、知恵、当為）（欲）の三位一体（質料・霊・形相）（生体・霊・物質）（精神即物質）が現れる。此の三者それぞれ別であるが又一つ（無）が他の二つ（時間面・生・無・死・空間面）（自覚的立場）に於いてあり、二つ（時間面的形相限定・愛・協調・欲・空間面的質料限定）が他の一つ（無）（愛・協調・欲）（霊）に於いてあり（自己自身を表現するものの立場）それぞれが又直に全体（場所）（脳みそ）（質料と形相→絶対）（絶対無）である。

　自知の主体（衆生あって仏がある）（空間面的質料限定）→（形相）（死）（欲）として又自愛（生かせたる　神話友達）の主体（仏あって衆生あり）（時間面的形相限定）（愛）→（質料）（生）としての自己（私と汝）（意識と無意識）（主客未分）（NKZ6-348-5　共同意識）は相対的（明鏡相照）であるが、自己（私と汝）は自己（私と汝）（第一人格と第二人格）（共同意識）としてそれ自身（質料・霊・形相）に於いて自己（絶対無）（物質即ち精神なる神）（三位一体）（絶対矛盾的自己同一）（場所）（脳みそ）である。自覚（時間面・生・無・死・空間面）は自己（私と汝）の作用（非連続的連続・無媒介的媒介）（生・無・死）（愛・協調・欲）（心の作用・心の内容）ではあるが、自覚（時間面と空間面）はそれ自身（時間面・生・無・死・空間面）（時間面・愛・協調・欲・空間面）に於いて作用（時間面的形相限定・愛・協調・欲・空間面的質料限定）（質料←時間面的形相限定・霊・空間面的質量限定→形相）→（時間面・

生・無・死・空間面）（私・生・無・死・神の字）（1–20　意志作用的有）（意志）（神の意志）（仏の知恵）を含むと考へることができる。

　　自愛（時間面的形相限定）（生かせたる　神話友達）→（質料）に就いても同様のことが云ひ得るのである（仏あって衆生あり）。斯く三者（質料・霊・形相）が各独立と考へ得ると共に、互に一（絶対無）（場所）が他（自覚的立場と自己自身を表現するものの立場）（時間面・生・無・死・空間面）（私・愛・非連続的連続・無媒介的媒介・欲・汝）（私・霊・汝）（三位一体）に於いてある（場所が場所自身を限定する）。

　脳みそ、場所、絶対無、三位一体、質料・霊・形相が働くと、行為すると、時間面的形相限定・愛・協調・欲・空間面的質料限定→時間面・生・無・死・空間面→私・生・無・死・神の字、マルクス・生・無・死・類、ケインズ・生・無・死・貨幣、馬・生・無・死・人参になりますが、彼らは「自己自身を表現するものの立場」が、「見る意識と映す意識」が考えに入っていません。ゆえに、主客未分ではなくて、心の構造は主観と客観、私と対象界で、欲が主流です。パソコンで言えば、欲が基本ソフトで、強欲に繋がります。しかし、日本人は、基本ソフトが協調で、私と汝で、正直で、お人好しです。

　場所（絶対無）（質料・霊・形相）（脳みそ）が場所自身（質料・霊・形相）（質料・愛・協調・欲・形相）を限定（時間面的形相限定・生・無・死・空間面的質料限定）する（時間面・生・無・死・空間面）（私・生・

無・死・神の字)。

絶対 (質料・霊・形相) 矛盾的 (生と死) (愛と欲) 自己 (私と汝) 同一 (統一) は、自覚的立場と自己自身を表現するものの立場、になります。

博士は『5-9 絶対とは対を絶するものではない。拙著「場所」』と言われています。

愛する (限定する) 自己 (時間面的形相限定→質料) (生) は愛に (時間面的形相限定→質料→私) (生かせたる　神話友達) 於いてあり (生) (質料) (仏あって衆生あり) (私)、愛は愛する自己 (時間面的形相限定) (私) の自覚 (時間面・愛・協調・欲・空間面) (時間面・生・無・死・神の字) (自覚的立場) に於いてあり、

自覚 (私・生・無・死・神の字) (私・生・無・死・神の字、悟性概念、類、貨幣) は自己 (神の字) (空間面) (死) (物質) (当為) を知る自己 (私) (時間面) (生) (生体) (私) (カント) (マルクス) (ケインズ) (彼らの立場は超越的内在) に於いてあるのである (仏あって衆生あり) (自覚的立場)。又その一つ一つ (時間面と空間面) が他の二つ (時間面的形相限定・愛・協調・欲・空間面の質料限定) (時間面的形相限定・愛・非連続的連続、無媒介的媒介・欲・空間面的質料限定) (NKZ6-348-5　共同意識→意識と無意識) (私と汝) に於いてあると云ふことができる (自己自身を表現するものの立場)。

自己 (形相) (空間面) (神の字) を知り且つ愛する (限定す

144

る）（生かせたる　神話友達）自己（私）（質料）はその愛（非連続的連続）（心の作用）（生）（生体）（愛）と知（無媒介的媒介）（心の内容）（死）（物質）（無即有）（類）（欲）とに（NKZ6-347-4　場所的切断に於いて）於いてある（純粋経験）（直接経験）（利那）。自己（形相）を愛し（質料）（生）（生体）（限定する）（生かせたる　神話友達）且つ知る自己（私）（質料）（生）（生体）の愛は自己（生）（私）（愛）とその知（死）（物質）（私欲）（当為）（類）（貨幣）（神の字）とに於いてある（利那）。

　自己（空間面）（形相）（神の字）を知り且つ愛する自己（時間面的形相限定）（質料）（時間面）（私）の知は自己（形相）と其愛とに於いてある（時間面的形相限定）→（質料）。何となれば自己（質料）（生）は知りつつ（非連続的連続）自己（形相）（死）を愛し（限定し）（生かせたる　神話友達）、愛しつつ（非連続的連続）自己（形相）（神の字）（死）を知る（無媒介的媒介）が故である（純粋経験）（直接経験）（利那）。斯くして又二つ（生と死）（愛と欲）が他の一（無）（霊）（主　パウロ）（心霊　西田）（霊性　大拙）に於いてあると云ふことができる。

　自己（神の字）（空間面）（類）（物質）（形相）を知り自己（空間面）（形相）を愛する自己（時間面的形相限定）はその知（形相）（類）（物質）と共に愛の中にあり（時間面的形相限定）（生かせたる　神話友達）→（質料）、その愛と共に自覚（時間面・愛・無・欲・空間面）（時間面・生・無・死・空間面→神の字）（生と死）（愛と欲）の中にある（純粋経験）。而して自愛（生）（愛）（生かせ

たる　神話友達）と自覚（死）（欲）とは元來自己（形相）（死）（物質）（神の字）を知り自己（形相）を愛する自己（時間面的形相限定）→（質料）の中にあるのである。又それぞれの全体（三者）が全体（場所）に於いてある（絶対無）（絶対矛盾的自己同一）（三位一体）といふことができる。

　三つのものが完全となった時（質料・霊・形相）（心霊）（霊性）（コリント 2-3-17　主は霊である）（質料・愛・協調・欲・形相）、（場所が場所自身を限定する）、自己（私）は全然（余すところのないさま）自己（形相）を愛し（限定）（仏あって衆生あり）（時間面的形相限定）、全然自己（形相）を知り（衆生あって仏がある）（空間面的質料限定）（私欲）、又その全き愛を知り（生）（時間面的形相限定）（生かせたる　神話友達）→（質料）、その全き知（死）（空間面的質料限定）→（形相）を愛し（時間面的形相限定）（生かせたる　神話友達）得るのである。以上の如くして三者（質料・コリント 2-3-17　主は霊である・形相）（絶対無）→（場所）は不可分離（脳みそ）（三位一体）（質料・霊・形相）（生・協調・死→霊）（質料・愛・協調・欲・形相）であって、而も一々が本体的であると云ふことができるのである。

　博士はこのことについて「2-8　私は仏あって衆生あり（時間面的自己→形相限定→質料）、衆生あって仏があるという（空間面的自己→質料限定→形相）」と言われています　拙著「場所」。また、人はもともと仏であると（時間面的自己→形相限定→質料）、神我らとともにいます（空間面的自己→質料限定→形相）、も同じこと

です。

　　　アウグスチヌスは自覚的精神が三位一体の映像 (私と空間面)(私と対象界)(私と神の字)(ケインズと貨幣)(私欲)、(私・生・無・死・神の字)(時間面・生・無・死・空間面)(馬と人参)(カント・生・無・死・悟性概念)(マルクス・生・無・死・類)(ケインズ・生・無・死・貨幣)(パスカル・生・無・死・貴いもの) であることを示した後、如何にして自覚的精神が自己の本質 (人間的主体　滝沢、対象的存在　滝沢克己)(マルクスは類、物質)(当為)(知恵)(神の字) を知り得るか、又如何にしてそれが三位一体を指示し得るかを論じて居る。我々は知らざるものを愛することはできぬ。

　　　愛を以て自己 (神の字)(当為)(形相) を知らんとする (書こうとする)(限定する) 精神 (心)(時間面的形相限定・愛・協調・欲・空間面的質料限定)(時間面的形相限定・生・無・死・空間面的質料限定) は既に自己 (神の字)(時間面・生・無・死・空間面→神の字、当為) を知り居るもの (書くことが出来るの) である。→＊＊＊

　どなたでも、字を書こうとすれば、自覚的立場と自己自身を表現するものの立場に、見る意識と映す意識に、私と汝 (第一人格と第二人格)(共同意識) の働きになり、頭に浮かんでいるもの、空間面に映っている物を、神の字をなぞって書くことができます。ですから「自覚的立場と自己自身を表現するものの立場」、顕在意識と潜在意識にならないと神の字が書

けませんし、意識として成立しません。マルクスは、マルク
スに「類を見せている者」、西田博士で言えば「当為を見せ
ている者」、汝を、そこに「自己自身を表現するものの立場」
があったから「類」を見たのに、そこに存在する「自己自身
を表現するものの立場」に、マルクスと汝、に気づかれては
いません。「私と対象界」になり自己が自己の対象とならな
い Ego、デカルトの自我の、私だけの立場になり、顕在意識
と潜在意識ではなくて、顕在意識のみで、マルクスは通常の
意識の状態、立場ではありません。だから暴力革命が出て
きたり、「共産主義革命は資本主義経済の最も進んだ国で起
こるものだとし、資本主義社会から社会主義社会そして共産
主義社会と進むことは歴史的必然であると言った。Wikipedia」
そうですが、こんな Ego を基調とした、我田引水的なシオ
ニズムの考えが出てきます。マルクスの意識は、我考えるゆ
えに我あり、のデカルトの自我、Ego で、主観と客観になり
ます。

　もし、マルクスが「自己自身を表現するものの立場」、も
う一人のマルクスに、主客未分に気づかれていたのなら、八
紘一宇の精神を論じられていたかもしれません。ヘーゲル
も、自己疎外精神なんて言わなくて、私は精神そのものだ、
心そのものだ、物質即精神なる神、真如と言われたと思いま
す。

　そして、人は「創世記3-22　善悪を知るもの」ですが、私
と対象界だけでは「4-11　私欲」が発生して、愛が、欲で退
けられますので、汝が示した、啓示した神の意志、仏の知恵

が、愛が無いと、「自己自身を表現するものの立場」がない
と、私と対象界になり、ここでは、マルクスが「目的」と
言ったように、「愛」が「欲」で退けられてしまいますの
で「Ego の意志」「自我の知恵」になり、『デカルト、カン
ト、マルクス、ケインズ、共産的世界主義、「新・共産主義、
ポリティカル・コレクトネス　馬渕睦夫」、グローバリズム、
ディープステート』になってしまい、神と呼ぶところのも
の、がいない、神が不在の意識、論理になり対立が起きるよ
うになります。そして、それが進むと、「目的」のために手
段を選ばず、になり、武田邦彦先生がよく言われる「力づく
の社会、文化」、力による支配、暴力革命が出てきます。
「見る意識と映す意識」、「自己自身を表現するものの立場」
と、「自覚的立場」にある生と死、愛と欲、自愛の主体、自
知の主体との協調→和を以て貴しとなす、であれば、アイン
シュタインやペリー提督、宣教師たちが記録に残した昔から
の日本人の民度になります。心の構造は、私と汝、意識と無
意識 (主客未分)、自分ともう一人の自分で、対象界がもう一
人の自分ですので、主観、客観が発生しません。この場所で
は愛・協調・欲が働き、以和為貴がここから出てきます。ま
たここは日常の意識、通常の意識の場所です。
　ですので、恵比寿様、蛭子様と大黒様、天照大神と大国
主命、「論語と算盤」、シラス (自己自身を表現するものの立場、愛)
とウシハク (私と対象界) (自覚的立場、欲) で良いと思います。
 (出雲大社にはご神体がないそうですが、僕はそれでもよいと思います。一
説に、ユダヤ教の燭台がご神体という説もありますが、それでも良いと思い

149

ます）（僕が思うに、ウシハク、「欲」ですので、大国主命が国譲りの時に強欲で所望したとんでもなく大きな神殿が、ご神体であると思います。ですので、その当時は、そのことが理解できる方々、体験者が沢山いらっしゃったと思われます）

　これが天皇陛下（創造物）を象徴とする「国家（天照大神と大国主命）と国民（創造物）」で、日本の国体です。陛下も国民も神の創造物ですが、陛下には国民の象徴、創造物の象徴（新嘗祭）（NKZ6-368-9　物質即精神なる神）という尊いお役目があります。

　日本は、昔の昔のそのまた昔から（縄文時代以前より）、神話的、宗教的に理想郷です。そこに僕たちは住んでいます。外国では、ある時期からデカルトの「我」、「自我」、「自覚的立場」だけ、顕在意識だけになってしまいましたので、旧約や新約聖書の言うように「我」、「自我」と「神」との契約で、神が私の対象界に、パスカルと貴いもの(2)、としていらっしゃいます。ですので、思考が私と対象界、馬と人参、マルクスと類、物質、ケインズと貨幣であり、欧州における領主と領民になり、どうしてもそこに「4-11　私欲」が入り込み、上下関係の、利害関係の起因に、格差社会になり、経営者に於いては欲が優先していて利己的であり、私有財産が発生する富の公平な配分が行われず（領主と領民）、私有財産を認めず（マルクス）、利益を自分や株主、仲間に分配して、武田邦彦先生がよく言われる「従業員（私）のための会社（汝）」、「従業員（国民）のための会社（国家）」には、協調の社会にはならず、「力づくの社会、文化」になり

ます。カント、デカルト、マルクス、ケインズ、これらの皆さんは、「共産的世界主義　西田」者は、「新・共産主義、ポリティカル・コレクトネス　馬渕睦夫」は、無意識を、阿頼耶識を、所与を、「ロマ書7-25　神の律法」を、それを見せている「自己自身を表現するものの立場」、「見る意識と映す意識」があるにもかかわらず、神話的、宗教的に知りません、活用していません。彼らの意志は、神の意志、仏の知恵にはならず、Ego の意志、自我の知恵になり、デカルトの「自我」だけです。だから彼らは利己的で、エデンの園にいたアダムと同じ過ちを犯しています。彼らも生得的に愛を得ていますから、彼らの論理は、最初は心優しく、なるほどと思われがちですが、最終的には、私と対象界しか知りませんし、選民意識が心の根柢に流れていて、私と対象界が頭をもたげてきて、出てきて、美辞麗句でそこにある欲や利己が見えないように言いくるめられ、隠されて、必ず自己に多大な利益を図るよう、組み立てられ、目的のために手段を選ばずになり、相手がどのような状態に陥っても関知しません。（武田邦彦先生が彼らは二重人格であるとよく言われますが、このことが起因しています）。多くの場合、馬渕睦夫先生の言われるディープステートや金持ちの組織や貴族、国連が声を大にして言うのがそれです。グレートリセットが言われていますが、真のグレートリセットは、パウロの言われる「ロマ書11-15　世の和解」で、陛下も国民も、パレスチナ人やイスラエル人、ウクライナ人やロシア人、日本人や外国人も、それに人類も、生きとし生ける者もすべて神の創造物です。神

話的、宗教的に、違いは何処にもありません。みな同じ神の創造物であることに気づくことが「真のグレートリセット」、人類の意識大改革です。あなたの意識に入力されている「欲望のソフト」を「協調のソフト」に入れ替えること、これができなければマルクス・ガブリエル教授の言われるように、人類は「欲望の奴隷」から永久に抜け出すことができません。欧州に於いては、

エレミヤ書
2-11　その神を神ではない者に取り替えた国があろうか。/ ところが、わたしの民はその栄光を / 益なきものと取り替えた。
エゼキエル書
2-3　彼 (神) はわたしに言われた、「人の子よ、わたしはあなたをイスラエルの民、すなわちわたしにそむいた反逆の民につかわす。彼らもその先祖も、わたしにそむいて今日に及んでいる。

と言われているように3000年近く続いています。このようなことは、体験者なら誰でも知っています。西田博士の言葉で言えば「2-14　体験者には、それは自明の事であろう」です。

　神は「栄光は / 益あるもの」に気づけば、馬渕睦夫先生のおっしゃっていたトランプ大統領の国連演説や、八紘一宇が機能しだします。

アウグスチヌスの三位一体論

　人の意識は「自覚的立場」と「自己自身を表現するものの立場」の意識と無意識で成立していますが、マルクスの論理は、「自覚的立場」だけで、類を見せている「自己自身を表現するものの立場」が、「マルクスと空間面的質量限定→形相→類」が、汝が、無意識がそこには在りますが、気づかれてはいません。「私、マルクスと疎外された類」で、主観と客観で構成されていますので、行為的直観ではなく知的直観、「自覚的立場」だけで、マルクスと対象界に、西田博士の言われるように、パスカルと対象界に、ケインズと月に、馬の目の前に吊るしたニンジンと同じように「私欲」が発生します。

　馬渕先生と篠原先生の対談で、ユダヤ解放の思想家であるバルーフ・レヴィ（Baruch Levy）が、シオニズムの論理的支柱を、裏付けを求めて、マルクスに執筆を依頼し、資本論が彼に捧げられたそうですが、愛が考慮されていない、「自己自身を表現するものの立場」のない、神が不在のデカルトの自我と対象界なので、会話には主語があり、私欲が発生して自己主張が大いにあり、「類」が「目的」の、主眼のマルクスの論理は、目的のために手段を選ばず、が頭をもたげてきて、格差社会を助長して、暴力革命を認め、混乱している世界をさらに混乱させてしまいます。武田邦彦先生が言われている「力づくの社会、文化」が、暴力革命を肯定した、格差社会、隷属社会が一層強固になってしまいます。

　日本人の思考に於いては、「自覚的立場」と「自己自身を表現するものの立場」に、「見る意識と映す意識」に、意識

153

と無意識に、「NKZ6-348-5　共同意識」に、主客未分に於いて意識が成立していて、私と汝に、私ともう一人のわたし→主客未分になり、「自我」がいなくて会話では主語が省かれて、主観と客観が発生しませんので、赤の他人が、汝→赤の他人が、もう一人の私に思われがちになり、その統一が「自己」ですので、思いやりや、お人好し、自我が希薄なので人の意見に耳を傾けてしまいますし、また、「NKZ6-347-4　場所的切断」における生と死、愛と欲との協調→和を以て貴しとなす、が出てきて、これが八紘一宇、八紘為宇や、馬渕睦夫先生が言われたトランプ大統領の国連演説に繋がります。

　また、会社経営に於いては、天照大神と大国主命が転じて恵比寿様、蛭子様と大黒様に、渋沢栄一先生の「論語と算盤」になり、武田邦彦先生がよく言われる「従業員（国民）のための会社（国家）」、「力づくではない社会、文化」に、協調的文化社会に、お人好しが通る世界になります。

　西田博士が「善（心の作用・心の内容）（宗教）とは一言にていえば人格の実現である」と言われていますが、カント、マルクス、ケインズの心や、日本のお隣の国々の心を見ますと、日本のように文化的遺産の継承があればいいですが、戦いによってその継承が行われてはいません。ゆえに、欲が優先していて、彼らの論理には愛が、神の意志、仏の知恵が、「和を以て貴しとなす」が、思いやりがありません。Ego の意志、自我の知恵だけで心の内容が構成されています。そして、ここが肝心なところですが、スピノザ、ヘーゲル、デカルト、カントやマルクス、それにケインズ達の論理では「私

154

欲」が出てきて、「三位一体」が出てきません。三位一体が出てくるのは「西田哲学」だけです。西田幾多郎『善の研究』岩波書店　202頁

　僕の知る限り大和国のように、日本国のように神話的、宗教的に確立された「国家・国民」は、人の心を映した国体は外国にはありません。一番わかりやすいのが国譲りの神話です。これは西田博士の論じられる私と汝の統一、物質即精神なる神、創造物、人間という事です。本当に素晴らしい、民度の高い国家と国民です。『天皇陛下（創造物）、国民（大御宝）（創造物）』万歳、「君民共治」万歳、「NKZ6-368-9　物質即精神なる神」さま（創造物）万歳、人類（創造物）万歳です。「神様も驚くくらいの立派な国だった　武田邦彦→創造物」し、これからもそうです。

　靖国神社の英霊に黙禱。世界の戦没者の英霊に黙禱。

　＊＊＊　斯くして眞の自覚作用（時間面的形相限定・愛・協調・欲・空間面的質料限定）（自己自身を表現するものの立場）、（時間面・生・無・死・空間面→神の字）（自覚的立場）によれば、精神（心）の本質は記憶（時間面的形相限定）（生得的の阿頼耶識と通常の記憶）（所与　西田）（エペソ1-2　教会→蔵　パウロ）、知識（知恵）（当為）（類）（物質）（ロマ書7-25　神の律法）（神の字）、意志（時間面的形相限定・愛・無・欲・空間面的質量限定→時間面・愛・協調・欲・空間面）（時間面・生・無・死・空間面）（1-20　意志作用的有）→（質料・霊・形相）の三つのものにある。氏は之に三位一体の形式を応用して居る。我々の知覚では見られる

物（汝）（映す意識）（空間面的質料限定）、見る眼（私）（見る意識）（時間面的形相限定）、欲する意志（意志作用的有）（時間面・生・無・死・空間面）（時間面・愛・協調・欲・空間面）、（シラスとウシハクとの協調）（恵比寿様・論語と算盤・大黒様）（天照大神・愛と欲との協調、以和為貴・大国主命）、（天照大神・霊・大国主命）が各々別であるが、我々が精神的になればなる程、此三者は一つ（場所）（絶対無）（絶対矛盾的自己同一）（場所が場所自身を限定する）となる。神の本質は彼（神）の創造物（人間）（歴史的世界）（八八）（百八）に依って知ること（2-7 無が無自身に対して立つ）ができるから、此考に於いてかれ（神）の本質を彷彿することができると考へた。

　どうして宗教間で争いが起きるのか。戦いが起きるのか。それは、彼らが神話や宗教の本質に還ることができないからです。還ろうとしないからです。聖墳墓教会の司祭の方々などがそれです。神話、宗教の「出自」に還ることができれば、所与や、当為は、阿頼耶識は、教会は皆同じですので、なにも争う事はありません。このことは、パウロが「ロマ書11-15 世の和解」と言われたところであり、また、神武天皇が建国の理念の詔を示された八紘一宇、「一つ屋根の下」と言って目指されたところで、そのことがよくわかるのは、秦氏の神話が応神天皇に認められ、喜び勇んで日本に渡来され、同化されました。西田博士が、

　　　4-19　矛盾的自己同一の根柢に徹することを、見性と

いうのである。そこには、深く背理の理というものが把握せられなければならない。禅宗にて公案というものは、これを会得せしむる手段にほかならない　拙著「場所」と言われる所以です。

　伝ふる所によれば、アウグスチヌスは一日思を三位一体（絶対矛盾的自己同一）の問題に沈めて、ヒツポの海浜を徘徊した時、一人の童子が手にて海水を汲んで居るのを見た。アウグスチヌスが汝は何を爲し居るかと尋ねたら海中の水を汲み尽くさんとして居るのであると答へた。アウグスチヌスはそれは不可能なことであらうと云つたら、それでも君の三位一体の思索程に不可能でないと云つたさうである。

西田幾多郎博士は海中の水を手にて汲み尽くされました。
青い空には白い雲　万歳　万歳　万歳
Google Scholar より「西田幾多郎全集」第十一巻　第14回配本より

お わ り に

　Ｃ・Ｇ・ユングの第一人格、見る意識と第二人格、映す意識、西田幾多郎博士の私、見る意識と汝、映す意識はいかがでしたか。

　僕の言い表しでは、自分ともう一人の自分です。

　僕は心理学の心得はありませんが、顕在意識と潜在意識、意識、無意識で良いと思います。そして潜在意識の根柢にあるのが阿頼耶識、西田博士の言われる「5-5　所与」であり、パウロの言われる「エペソ1-22　教会」で、ユングの「集合的無意識」でいいと思います。

　西田博士が、

　　　愛を以て自己（神の字）（当為）（形相）を知らんとする（書こうとする）精神（心）（私と汝）（時間面的形相限定・愛・協調・欲・空間面的質料限定）（時間面的形相限定・生・無・死・空間面的質料限定）は既に自己（神の字）（形相）（当為）、（時間面・生・無・死・空間面→神の字）（私・生・無・死・神の字）を知り居るもの（書くことが出来るの）である。「アウグスチヌスの三位一体論」

と言われているように、私と汝、第一人格と第二人格に、岡潔博士の二つの心に、ヲシテ文献の「タマシヰ」にならなければ、字が書けないし、意志も表すことができません。

　しかし、私と汝を、第一人格と第二人格を知らない人々で

も字が書けますし、意志も表すことができます。これは、も
ともと人間は、意識と無意識とで、私と汝で、第一人格と第
二人格で意識が、心が成立していると、理解した方が良いと
思います。

　マルクスやヘーゲルがいい例です。彼らの心はデカルトの
我ですから、我は我の対象とはなりませんが、マルクスの宗
教的体験である「観想」に於いて、彼が気づいてはいない汝
が、第二人格が、空間面的質料限定が啓示した当為、「類」
について論じていらっしゃいます。ヘーゲルもマルクス同様
に、第二人格に、汝に気づいてはいらっしゃらないにもかか
わらず、汝が、「空間面的質料限定」が啓示した当為、形相
を、「自己疎外的精神」と言って論じていらっしゃいます。
この事実は明らかに、人は意識と無意識とで、第一人格と第
二人格で、二つの心で、タマシヰで、心が成立していること
を語っています。いかがでしょうか。そして、汝は、もう一
人の自分は、第二人格は、記憶にある「神の字」をみせてく
れます。また、所与にある「当為」を、心がある状態になる
と、「2-1　外を内に映す」、外、汝が啓示したものを内、私
が見る。神と呼ぶところのものを、幻想を見せてくれる、映
してくれるもう一つの意識、第二人格、汝、もう一人の自分
なのです。そして、そこは愛と欲との協調、和を以て貴しと
なす、が出てくる神の創造の場所、創造物の場所、西田博
士の言われる「歴史　八八、百八」の場所であり、「相互限定」
に於いて、物質が生体となり、生体が物質となる脳みその、
「生かせたる　神話友達」の場所、質料・生・無・死・形相、

質料・霊・形相、三位一体の場所、絶対無、場所です。

　ですから、神と人との関係を言い表した、カール・バルトはインマヌエルⅠ、インマヌエルⅡ、滝沢克己博士は、第一義の接触、第二義の接触、不可分、不可同、不可逆(11)、マルクスは疎外された類、ヘーゲルは自己疎外的精神、Sache、ザッヘなどと言われているにもかかわらず、汝、第二人格には気づいていらっしゃいません。ゆえに彼らの自覚は、私と対象界になり、私→マルクスと類や、私→ヘーゲルとSache、ザッヘ、自己疎外的精神になり、ここには神の創造の事実、「歴史　西田」、物質が生体となり、生体が物質となる「生かせたる　神話友達」は、「相互限定」はありません。あるのは、ケインズの言われた通り、私と対象界で、自覚的立場で、「2-1　外を内に映す」、「外、月、貨幣を内、私に映す」になり、「欲望」が発生します。もし、ヘーゲル (1770〜1831) が第二人格に、汝に気づかれたなら、「自己疎外的精神」の「疎外」が取れて「精神」になり、西田博士と同様に、ヘーゲルが論理的に到達できなかった「精神」、「心」に、「生かせたる　神話友達」、「霊」をご存じであれば到達でき、わたしは、「物質即精神なる神」である、わたしは「心」そのものだ、Sache、ザッヘだと宣言されたと思います。また、マルクス (1818〜1883) に、「宗教は、人間的存在 (類) が (疎外、外化され) 真の現実性 (神の創造) をもたないがゆえに、人間的存在 (類) を空想的に現実化 (創造) (5-9　自己疎外的精神ヘーゲル) することである」「マルクスにおける疎外論の発展 (1)」岩淵慶一　133頁

と、こんなこと言わなくて済みます。ゆえにケインズ（1883〜1946）においても、汝が、第二人格が示した、「2-1　外を内に映」した私と対象界の「月」は、「貨幣」は、「神の字」は、第二人格が示したもの、汝が示したものですので、ケインズが家庭菜園をして手に入れたものなら、神と呼ぶところのもの、当為、神の賜物と同じになり、「欲望」は出てきません。感謝が出てきて彼はアダムに、「創世記3-22　善悪を知るもの」になります。ヘーゲルや、マルクスが、カール・バルトや滝沢克己博士が図らずも示された通り、神は、神と呼ぶところのものは「疎外」ではなく、「心の外」ではなく、「心の内」にいらっしゃいます。彼らは、そのことに気づかれなかったのです。

ですから、神と呼ぶところのものは、神は人の心の中に、仏教でいう阿頼耶識に、ユングの言う集合的無意識に、西田博士の言われる「5-5　所与」に、パウロの言われる「エペソ1-22　教会→蔵」に住んでいらっしゃいます。これらは同じ場所を言い表しています。

そして、西田博士が時々、私の心の外にいらっしゃる神との契約で成立しているユダヤ教やキリスト教について、

2-9　主語的超越的に君主的 Dominus（主　電子辞書）なる神（人格神）は創造神ではない。創造神は自己自身（質料・無・形相）の中に否定（無）を含んでいなければならない。しかざれば、それ（君主的、Dominus なる神）は恣意（論理的に必然性がないさま　電子辞書）的な神たるにすぎない。

161

2-13　エホバ（ヤハウェ）はアブラハムに、その一人子イサクの犠牲（いけにえ）を求めた神である（Kierkegaard, Furcht und Zittern）。人格（命）（心）（絶対無）（物質即精神なる神）そのものの否定を求めた神である。単に悪に対してこれと戦う神は、たとい、それがどこまでも悪を克服するといっても、相対的な神である。単に超越的に最高善的な神は、抽象（デカルト、カント、知的自己）的な神（人格神）にすぎない。

と、言われていますが、神は、ユダヤ教やキリスト教のように心の外に、予めいらっしゃる神様との契約として、人格神としていらっしゃるのではなくて、人の心の内にいらっしゃるからです。僕も、僕の経験から心の外にいらっしゃる神様との契約は、西田博士の論じていらっしゃる通りだと思います。だからエレミヤやエゼキエルが嘆かれ、イエスやパウロが、そしてルターが宗教的改革をしようとされたのですが、三人とも道半ばで終わってしまいました。神様は、スピノザ、ヘーゲルやマルクス達が図らずも示した通り、心の外ではなく、心の内にいらっしゃいます。

最近、ドイツの哲学者で、カント哲学を基調とされているマルクス・ガブリエル教授が、資本主義の欠点というのでしょうか、それが取りざたされています。たとえば、富裕層が世界の人口の５％で、残りの大部分の方々は貧困層で、働いても、利己的で、選民意識の強い経営者の利益の分配で

は、可処分所得が少なくて、生活に余裕がない方々が、世界の人口の半分以上でしょうか、沢山いらっしゃって、富裕層もそうでない方々も、ケインズのようにお月さまがお金に見えて、お金に異常に執着を持っているとか、マルクス・ガブリエル教授の話によると「われわれは自ら欲望の奴隷となった」と言われています。確かにお金は生活をするうえで必要です。しかし、この事は、馬渕睦夫先生や西田幾多郎博士に教えてもらったように心の有りようで、主観と客観から出立するのか、それとも主客未分から出立するのかで、心の状態で決まります。

　主観と客観から出立すれば、我々の人格は利己的になり、我々人類は、マルクス・ガブリエル教授の言われる通り、永久に欲望の奴隷、になり、格差社会や、隷属社会になります。しかし、主観と客観が発生する以前の主客未分から出立すれば、我々の人格は利他的になり、正直でお人好しで平等社会になります。

　最近、グレートリセットがダボス会議で決まったそうです。グレートリセットは、これまでの社会や経済の仕組みを見直そうという事だそうですが、主観と客観で成立している彼らの心では、「欲」が心の根柢に、聖書に載っている「選民」が、我々は神に選ばれた特別な人間だ、と誤って理解されていて、「選民意識」が知らず知らずのうちに心に流れていて、世界の富の一括管理をしようとする方向が、グレートリセットにあり、我々の生活はより苦しくなります。また、利己的な彼らの言うグレートリセットを行っても、マルク

ス・ガブリエル教授の言われる「欲望の奴隷」からは、格差社会、不平等社会、隷属社会からは抜け出すことができません。コンピューターなどが、今よりも発達しますので、人心の管理がしやすくなり、格差や隷属関係がさらに強化され、住みにくくなり、富の一括管理が進みます。

「真のグレートリセット」は主観と客観から、欲望が議論の骨格であり、結論に入っている利己の心、相手を打ち負かすディベートからではなく、それ以前の主客未分で成立した、利他の心から、相手との協調の以和為貴から出発しないと、今まで通りで、何の成果も得られません。パソコンに例えるなら、我々の心に導入されている「欲望のソフト」を、グローバリズムを「協調のソフト」に、ナショナリズムに入れ替えることが「真のグレートリセット」、八紘一宇、「ロマ書11-15　世の和解」、君民共治、国家と国民、創造物である天皇皇后両陛下と創造物である大御宝、人類の意識大改革です。入れ替えれば、いろんなことが解決します。西田博士が、

　　而して斯く歴史的地盤（人はもともと仏である）から構成せられた特殊的世界（パウロが語る物語を聞くことが出来る耳を有った人たちとその仲間）（シャーマンとその仲間）（神話を語る主の僕とその仲間）〔神在月に出雲大社に集合される神々〕が結合して、全世界（人類）が一つの世界的世界（意識）（人格）（釈迦）（イエス）に構成せられるのである(21)。かかる世界的世界（意識）に於ては、各国家民族が各自の個性的（個と個）（私

と汝）な歴史的生命（創造物として）に生きると共に、それぞれの世界史的使命（ノエマ・ノエシス）（心の内容・心の作用）（和を以て貴しとなす）（知恵）を以て一つの世界的世界（意識）（人格）に結合する（私と汝の統一）（我々）（神話の下に置かれる）（国家・国民）（天皇制）（天皇・大御宝）〔日本の国体〕のである。これは人間の歴史（八八、百八）（創造物）的発展の終極の理念であり、而もこれが今日の世界大戦によって要求せられる世界（場所的有）（自己）（心の発展）（人格形成）新秩序の原理でなければならない。

　我国の八紘為宇（八紘一宇）の理念とは、此の如きものであろう。畏（かしこ）くも万邦をしてその所を得せしめると宣（の）らせられる。聖旨（せいし）も此にあるかと恐察し奉る次第である。拙著「世界新秩序の原理を読む」より〔　〕加筆しました。

と言われる所以です。

　西田幾多郎博士をはじめ、いっぱい教えてくださった諸先生や神話友達に感謝します。
　また、最後まで拙著を読んでくださったあなたにも感謝します。

禅の言葉

河野太通著『床の間の禅語』（禅文化研究所）や、禅の雑誌が役に立ちます。その中からの引用です。

生まれた時の本当の自分に出会う
山花開似錦　澗水湛如藍
父母未生以前本来の面目
紅炉上一点の雪
柳は緑　花は紅
婆子焼庵
空
無
劫
看脚下
天上天下唯我独尊
百尺竿頭一歩を進む
趙州洗鉢
天際日上り月下る　檻前山深くして水寒し
自灯明　法灯明
黒漆の昆崙、夜裏に走る
天網恢恢疎にして漏らさず
徐に行いて踏断す流水の声、縦に観て写し出す飛禽

の跡
隻手の音声　←　理解できなくても構いません。

■番外

生まれた時に　どのように思ったのか
種を蒔き　芽が出て葉が出て花が咲き　実がなる
アニマ　アニムス

注

（1）二人で一人

　僕が、独身で若いころ、母親と雑談をしていた時に、母親が、いいか、誠（僕の名前）、夫婦は二人で一人やぞ、二人で一人の人格やぞ、それぞれの役割があるぞ、と言って教えてくれました。僕は、若かったけど、なるほどと思いました。僕が今思うに、ここから、例えば家庭や国家の概念が出てくると思います。

　最近、言われている夫婦別姓は、わざわざ、対立を生むようなものだと思いました。分けるのは、分断は、抱かなくてもよい感情を発生させると思います。なので、主観と客観からではなく、主客未分から出発するのが得策であると思います。「共産的世界主義　西田」者の、グローバリズムの方々や、シオニズムに便乗した彼らは、分けて、分断して対立を作り出し、また、人間の弱みに付け込んで理論を展開するのが得意のようです。

（2）私欲

　　4-1　パスカルは、人は自然のもっとも弱きものたる葦にすぎない、しかし彼は考える葦である。彼を殺すには一滴の毒にて足りる、しかし全宇宙が彼を圧殺する

(NKZ6-370-5 環境的限定の意義)(物体界)(コリント2-10-18 主の推薦)とも、彼は死ぬること(ロマ書4-17 無から有を呼び出される神)を知るが故に、彼を殺すもの(宗教的体験)(主の推薦)(物体界)よりも貴い、といっている。かく人間の貴いと考えられるゆえんのものが(パスカルと貴いもの)(超越的内在)(マルクスと類)(4-11 私欲)(利己)、すなわち人間の惨(みじ)めなるゆえんである。人世の悲惨は実にここにあるのである。

(3)欲望 Ｊ・Ｍ・ケインズ

最近、NHK BS1の「欲望の資本主義 2022夏特別編 メタバースの衝撃」や「2023逆転のトライアングルに賭ける時」でＪ・Ｍ・ケインズも知りましたが、ケインズに於いても、ケインズが「月は生チーズからできている」と言う「月」、人々が見ている「月」、すなわち貨幣は欲望の対象であり(酒井克彦氏 HP Kaikei Zine より)、ここでもマルクスがパスカルと同じように、私と対象界の「類」を「目的」、「貴いもの」と言ったように、ケインズも、彼の言われているようにケインズと月、貨幣、お金、私と対象界、ケインズと対象界に於いて、それを手に入れようとする「私欲」が(2)、「欲望」が発生しました。しかし、私の対象界の月が、貨幣が、類が、貴いもの、当為が、賜物が、神の字が、私が、働いて得たもの、汝が、無意識が示したもの、なら、欲望は発生しません。感謝が出てきます。

そして、「エレミヤ書2-12　主を捨てた」、宗教的体験を捨てた彼らは、神話的、宗教的にここまでしか知らないのです。「私と汝」を、顕在意識と潜在意識を、「二つの心　岡潔」を、「タマシヰ　ヲシテ文献」を、ユングの「第一人格、第二人格」を知らないのです。私と神様との契約である宗教は、対象界に主観と客観で創造した人格神がいらっしゃって、神様とはこのようにあるべきだ、になってしまっていて、「4-11　私欲」が発生する、主観と客観が確立する私と対象界の、私と空間面の、私→動・無・静←空間面の、時間面→動・無・静←空間面の立場だけで、「自覚的立場」だけで、神話的、宗教的に、生と死を、愛と欲を知らない、協調を、刹那を知らない意識で成立しています(32)。デカルトの「我」しか、「自我」しか知らないのが西洋の、外国の、日本以外の国の思考であり、主観、客観からしか出発することができないのです。カントも、カントの対象界に悟性概念がありますので同じです。

（4）二つの心

「岡潔講演録（3）：【1】人には心が2つある」より引用。

　　岡潔博士は、人間には心が2つある（意識と無意識　浅井加筆）という考えを持っていました。この考えによれば、第1の心と第2の心があります。第1の心は、大脳前頭葉に宿っているとされ、私たちが自分自身を入れなけれ

ば動かない心です（意識　浅井加筆）。一方、第２の心は、大脳頭頂葉に宿っているとされ、無私であるとされています。この心は私たちが自分自身を入れなくても働くため（無意識　浅井加筆）、意識を通さなくても直下にわかるとされています。

　僕も大脳頭頂葉と、それに続く、進化の過程で、一番最初にできた頭と尾を繋ぐ背骨の神経に宿っていると思います。また、世界的な数学者岡潔博士は、伝記みたいなものを読んでいると、数学を構築する上で、無意識を活用されたようです。

（５）デカルト哲学について

　　疑うも疑うことのできない直証の事実というのは、自己（心）と物（物質）との、内（私）と外（身体）との矛盾的自己同一の事実（心・身体）（意識→動・無・静←物質）ということである。自己〔私〕があって、そういう事実（我考える故に我あり）があると考えるのは推論の結果であって、我々の自己〔私〕はそういう事実（私と汝）（心・身体）（意識・物質）〔時間面的形相限定・無媒介的媒介・非連続の連続・空間面的質料限定＝意識→動・無・静←物質〕から成立するのである。それは自己の内においての直証の事実（我考える故に我あり）という代りに、自己（我）→〔私〕成立の事実（私と汝）（心・身体）（意識・物質）（NKZ6-368-9　物質即精神なる神）（真如）と改

むべきである。拙著「デカルト哲学について」44頁。〔　〕手直し
がしてあります。

（6）見る意識と映す意識

「意識界・無・物質界」を「意識界・生・無・死・物質界」にして読
んでください。

NKZ6-399-8　我々の記憶と考へられるものに於ても、
各瞬間の（見る）意識（私）と（映す）意識（汝）とが話し合
ふ（私の意識・無媒介的媒介・非連続的連続・汝の意識）

NKZ6-399-9　といふ如き意味がなければならぬ。

NKZ6-386-6　見るものと見られるものとは、即ち主観
（時間面）（意識界）（自覚的有）と客観（空間面）（物質界）（対象的
有）とは絶対に異なつ

NKZ6-386-7　たものでなければならぬ、主と客とを含
む一般者はない（NKZ6-347-4　場所的切断）。自己（自我）〔私〕
が自己（私と汝）に於て自己（汝）を見ると考へられる

NKZ6-386-8　時、自己（私）（自分）が自己（私と汝）に於
て絶対の他（汝）（もう一人の自分）（絶対無）を見ると考へら
れると共に、その絶対の他（他人）（汝）は即ち自己（自分）
（私）（絶対無）であるといふこ

NKZ6-386-9　とを意味してゐなければならない（NKZ6-
348-5　共同意識→時間的自己限定・無・空間的自己限定→質料・
無・形相）（私と汝）（NKZ6-400-4　個人的自己の意識統一）。而して
かゝる意味に於て見るものと見られるものとを包むもの

は、

NKZ6-386-10　限定するものなき限定として無の一般者（私と汝）（時間面的自己限定・無・空間面的自己限定）（共同意識）（場所自身）（質料・無・形相）（絶対無）と考へられるものでなければならぬ。それは無媒介的媒介、

NKZ6-386-11　非連続的連続といふべきものでなければならない。而してそれ故に、真に内面的限定（自己表現的個・無・自己表現面的限定）（質料・無・形相）（共同意識）（5-13　内在的超越）（私と汝）（私と他人）（私の意識・無媒介的媒介・非連続的連続・自己表現的個→汝の意識）と考へられるも

NKZ6-386-12　のでなければならぬ（滝沢、マルクス、ヘーゲルは超越的内在）（我と対象）（意識と類）。自己（自我）〔私〕が自己自身（私と統一している汝、他人）を見るといふことは斯くして考へられるのである、（我考える故に我あり、の対象とならない我が対象となる）。〔　〕加筆しました。

無は、生・無・死、愛・無・欲、の方がより良いです。時間面的自己限定・無・空間面的自己限定も、時間面的形相限定・生・無・死・空間面的質料限定、の方がいいです。

（7）相互限定

　1-10、12　相互否定的なるものの結合として働くということが考えられるが、かかる媒介者の立場からは、相互対立的に相働くものというものは、媒介者の自己限定の両端（質料と形相）というごときものであって、両者

の相互限定によって一つの結果 (無) が生ずるということとは、矛盾的自己同一的なる媒介者自身の自己限定 (質料・無・形相)→〔質料・生・無・死・形相〕とも考えることができる。物理現象 (ニュートンの揺りかご) が力の場の変化として考えられるゆえんである。質料は形相に、形相は質料に限定されるということで、「自己自身を表現するものの立場」における、空間面的質料限定で形相に、時間面的形相限定で質料に限定されるということで、それが自覚的立場の「時間面・生・無・死・空間面」、「質料、時間面・生・無・死・空間面、形相」になります。〔　〕加筆しました。

「NKZ6-341-11　両界 (私と対象界) (作用界と対象界) (意識界と物質界) は同じ材料 (質料と形相) (脳みそ) から構成せられて居るのである」と言われています。

（8）脳みそ　西田

西田幾多郎　1870〜1945

　無意識は、フロイト (1856〜1939) が見つけたそうですが、それは幼児の時に受けた恐ろしい体験や、命などにかかわる恐ろしい体験が、心的外傷として普段は現れないが、それが何かの拍子で現れるようになると、病気になる、という事で、後天的な事情ですが、西田博士 (1870〜1945) の「5-5　所与」は生得的に備わったもので、仏教では阿頼耶識に

相当します。

　ですから、右脳と左脳の働きは、そのころはまだ知られて
はいなくて、マルクスやヘーゲルが、カール・バルトや滝沢
克己博士が、汝に、第二人格に、気づいていなくても、その
働きを、ヨハネやユングの第二人格が働いて見せた幻想と同
じような幻想を、神と呼ぶところのものを疎外されたものと
して、言い表したように、汝を、第二人格の存在を、彼らが
図らずとも証明したように、西田博士が右脳と左脳の働きを
ご存じであったかどうかわかりませんが、ひょっとしたら、
図らずとも予言されたのではないかと思われます。

（9）カール・バルトの霊感

カール・バルト著『ローマ書講解　上』13頁
　　　第一版の序
　　パウロは、その時代の子として、その時代の人たちに
　語りかけた。しかしこの事実よりもはるかに重要なもう
　一つ別の事実は、かれが神の国の預言者（体験者）（シャー
　マン）また使徒として、すべての時代のすべての人たち
　に語りかけていることである。あちらとこちら（彼岸と此
　岸）の区別には、注意しなければならない。しかしこの
　事に注意するのは、この区別が事柄（主題、ザッヘ、Sache）
　の本質においては何の意味も持たないと知るためでしか
　ありえない。聖書の歴史批判的研究方法は、それなりに
　正当である。むしろ聖書の理解のために、欠くことので

きない準備段階を示している。だが、もしわたしがこの方法と、古めかしい霊感説（パウロは、コリント 2-10-18　主の推薦）とのどちらかを選ばなければならないとすれば、わたしは断然後者を取るだろう。霊感（宗教的体験）説は、はるかに大きく、深く、重要な正当さを持っている。なぜなら、霊感説は、理解の仕事そのもの（時間面と対象界）（バルトと神の字、古き真理）を示しており、それなしでは、すべての装備は価値を失ってしまうからである。もちろんわたしは、この二つのどちらかを選ぶ必要のないことを喜んでいる。中略（主題、ザッヘ　同80頁）

　　真理は、見出されてすでに久しく
　　気高き精神の持ち主たちを結び付けた
　　古き真理 ―― それをとらえよ。

カール・バルトが、

　　もしわたしがこの方法と、古めかしい霊感（宗教的体験）説とのどちらかを選ばなければならないとすれば、わたしは断然後者を取るだろう。霊感説は、理解の仕事そのものを示しており、それなしでは、すべての装備は価値を失ってしまうからである。

と言われていますが、全くこの通りで、僕も公案が解いてあったから西田哲学が読めるようになりました。霊感は宗教的体験で、西田博士が、

176

4-19　矛盾的自己同一の根柢に徹することを、見性というのである。そこには、深く背理の理というものが把握せられなければならない。禅宗にて公案というものは、これを会得せしむる手段にほかならない。拙著「場所」

と言われていますが、全くこの通りです。

そしてバルトが「気高き精神の持ち主たちを結び付けた」と言われていますが、僕が神話友達を見つけたように、体験者は体験者を知ることができます。「2-14　体験者には、それは自明の事であろう」と言われたあたりの消息で、西田幾多郎博士は滝沢克己博士の留学先をカール・バルトに選ばれたのです。しかし、残念なことに、彼は第一人格と第二人格、私と汝を知りません。私と対象界、自覚的立場だけです。

僕が説明していて一番困るのは「宗教的体験」を、西田博士は「心霊」、鈴木大拙博士は「霊性」、K・マルクスは「観想(32)」、カール・バルトは「霊感」と、パウロは「主の推薦」と言われているので、言葉が違いますので体験世界に馴染みのない方は別物であると思われてしまいますので、多くの場合並べて書きますが、これが、めんどくさい。これらは皆同じ事を、宗教的体験のことを言われています。

(10) 良心

「仏の知恵」、「神の意志」は、西田博士の言われる「4-11 絶対的当為 (ロマ書7-20　神の律法、定言命令)」、「良心」です。人は「創世記3-22　善悪を知るもの」なのです。善悪を知らないのが自覚的立場の自己、知的直観の自己で、欲望の奴隷、になってしまいます。

> 1-1　人は何人も自己は良心を有 (も) たないとはいわない。もし然 (しか) いう人があらば、それは実に自己自身 (NKZ6-368-9　物質即精神なる神) (真如) を侮辱 (ぶじょく) するものである。拙著「場所」

このことは、お天道様が見ているよ、と言われる所以で良いと思います。

> 4-11　絶対的当為 (ロマ書7-20　神の律法、1-15　定言命令) (空間面的自己限定) (空間面的質料限定　加筆しました) (類、貨幣、ニンジン) の裏面 (時間面的自己限定) (時間面的形相限定　加筆しました) には、絶対の愛 (利他的) (共生) (慈悲) (悲願) (生かせたる神話友達) がなければならない。

空間面的自己限定による、空間面的質料限定による当為は、空間面の私と対象界にあり「欲」が発生します。ですので、ここで言われていることは「欲の裏には愛があり、愛の

裏には欲がある」という意味で、相互限定(7)(25)の構造を
意味しています。

　神話的に愛を知らない主観と客観から始まれば、カントと
悟性概念、マルクスと類、ケインズと貨幣から始まれば、愛
のない私と対象界ですから、利他はなく、欲望しかそこには
ありません。愛のない私と対象界が元凶です。

　愛と欲との協調で、以和為貴で始まるか、主観と客観か
ら、私と対象界から出てくる欲望から始まるのかで、あなた
の心の構造で、人格が決まります。

(11) 人と神との関係　滝沢克己　カール・バルト

　第一義の接触、インマヌエルⅠ。
「心の本性」で、我々の良心を司るもの。仏教では阿頼耶
識を言います。知恵の在所。本覚。西田博士は「5-5　所与」
で、パウロは「エペソ1-22　教会→蔵」になります。
　第二義の接触、インマヌエルⅡ。自己成立の根抵に目覚め
ること。見性。始覚。宗教的体験。
　不可分　神と人とは分けることができない。
　不可同　神と人とは一つになることができない。
　不可逆　神があって人がある。この順番は逆にはできな
い。

(12) エレミヤとエゼキエル　そしてパウロ

　西田博士がエレミヤやエゼキエルを、特に、「5-7　エレミヤはどこまでも愛国者であった」と称賛していらっしゃいます。僕もエレミヤやエゼキエルを称賛します。

　4-8　ヤーヴェも (ヤハウェ)、固イスラエル民族の神であったが、イスラエル民族の発展に、とくにその歴史的苦難によって鈍化せられて〔神が知的自己の、思惟的対象の神となって、今日では自己を、私と汝を考慮に入れない、心霊、主、霊性、反省のない「2-9　主語的超越的に君主的 Dominus（主　電子辞書）なる神」〕絶対者の世界宗教 (キリスト教) にまで発展した。預言者 (体験者、シャーマン、主の僕) というものは、神の意志を語るもの、「神の口」と考えられた。国王を失ってバビロンの俘虜 (ふりょ) となった時代に、エレミヤ、エゼキエルによって内在 (宗教的体験、心霊、霊性、限りない開け) 的に深められ、超越的 (5-13　超越的内在) (時間面・生・無・死・空間面) (我と対象、マルクスは物質) (貴いものとパスカル) に高められた。これに反し、仏教はどこまでもその時間面的自己限定の方向に、すなわちいわゆる主観的方向 (自我)〔私〕(1-11　述語的場所) に、我々 (私と汝) の自己 (自我) (私) を越えて (個と個) (私と汝)、超越的なる絶対者に接する (私と汝) (時間面的自己限定・生・無・死・空間面的自己限定) のである。仏教の特色は、その内的超越 (5-13　内在的超越) の方向 (私と汝) にあるのである。〔・無・〕→〔・生・無・

死・〕に書き換えました。

僕は、

「ヤーヴェも、固（もと）イスラエル民族の神であったが、イスラエル民族の発展に、とくにその歴史的苦難によって鈍化せられて〔神が知的自己の、思惟的対象の神となって、今日では自己（私と汝）を考慮に入れない、反省のない「2-9　主語的超越的に君主的な主なる神」〕絶対者の世界宗教（キリスト教）にまで発展した。預言者というものは、神の意志を語るもの、「神の口」と考えられた。国王を失ってバビロンの俘虜（ふりょ）となった時代に、エレミヤ、エゼキエルによって内在（体験、心霊、霊性、コリント2-10-18　主の推薦）的に深められ、超越的に高められた」を読みまして、「その歴史的苦難によって鈍化せられ」、の『宗教的な』意味は、『鈍化せられた、の意味』は知っていましたが、西田博士が、ユダヤ教の預言者「エレミヤ、エゼキエルによって内在的（西田の心霊、大拙の霊性）（主の推薦）に深められ、超越的（5-13　超越的内在）に高められた」と、どうしてこのような事を言われているのか、エレミヤ、エゼキエルを知りませんでしたのでサッパリ意味が解りませんでした。

　仕方がないので、「エペソ3-4　読めば……わかる」だろう、何とかなるだろう、と思って読書の苦手な僕が「エレミヤ、エゼキエル」をそれなりに急いで読んでみ

ました。そしたら、『　』は浅井加筆です。

　エレミヤ書2-11　拙著4-8

2-11　その神を神ではない者に取り替えた国があろう
か。／ところが、わたしの民はその栄光を／益なきもの
と取り替えた。〔パウロは2-13　ロマ書1-25　彼ら（知者達）
（バチカンの前身と思われます）は神の真理（ロマ書1-20　神の見
えない性質）（ロマ書4-17　無から有を呼び出される神）（無即有　西
田）を変えて虚偽とし、創造者（無から有を呼び出される神）
の代りに被造物（ナザレの覚者、主イエス・キリスト）を拝み、
これに仕えたのである。創造者（ロマ書4-17　無から有を
呼び出される神）こそ永遠にほむべきものである、アァメ
ン〕。

12　天よ、この事を知って驚け、／おののけ、いたく恐
れよ」と主は言われる。

17　あなたの神、主があなたを道に導かれた時、あなた
は主を捨てた（その神を神ではない者に取り替えた　浅
井加筆）ので、この事があなたに及んだのではないか。

　エゼキエル書　拙著4-8

2-3　彼（神）はわたしに言われた、「人の子よ、わたし
はあなたをイスラエルの民、すなわちわたしにそむいた
反逆の民につかわす。彼らもその先祖も、わたしにそむ
いて今日に及んでいる。

2-7　彼らが聞いても、拒んでも、あなたはただわたし

の言葉を彼らに語らなければならない。彼らは反逆の家
だから。

そして、パウロは、拙著4-8

　　ロマ書9-31　しかし、義の律法（ロマ書7-22　神の律法）
　を追い求めていたイスラエルは、その律法に達しなかっ
　た。
　　32　なぜであるか。信仰によらないで、行いによって
　得られるかのように、追い求めたからである。彼らは、
　つまずきの石につまずいたのである。

と言われています。
　パウロの信仰とは、拙著4-2
「ロマ書1-17　神の義（事実）は、その福音（主、コリント2-10-
18　主の推薦、霊性、心霊）の中に（場）（「ロマ書1-20　神の見えない性
質」によって）啓示（時間面的形相限定→動・無・静←空間面的質料限定）
（時間面・生・無・死・空間面）、（自己自身を表現するものの立場）（自覚
的立場）され、信仰に始まり信仰に至らせる」ということで、
つまり、パウロが、「ロマ書4-17　彼（アブラハム）はこの神、
すなわち、死人を生かし（ロマ書7-10　私は死んだ）、無（ロマ書1-
20　神の見えない性質）から有（事）（当為）を呼び出される神（無
即有）を信じたのである」と言われているように、イスラエル
の信仰は、福音、宗教的体験、主の推薦、心霊に於けるア
ブラハムが信じた神ではなく、「ロマ書9-32　信仰によらない

183

で、行いによって得られるかのように、追い求めたからである」と、パウロが言われているようにアブラハムが信じた神ではなかったのです。

　彼らは宗教体験を、「心霊　西田」を、「霊性　大拙」を、「観想　マルクス」を、「霊感　カール・バルト」(9) を捨てて、パウロが「ロマ書9-32　信仰によらないで、行いによって得られるかのように、追い求めたからである」と言われているように、宗教的体験である「主」における神は、アブラハムが信じた神であり、イスラエルは、西田博士が、

　　　2-9　主語的超越的に君主的 Dominus（主　電子辞書）なる神（人格神）は創造神ではない。創造神は自己自身（質料・無・形相）の中に否定（無）を含んでいなければならない。しかざれば、それ（君主的、Dominus なる神）は恣意的（論理的に必然性がないさま　電子辞書）な神たるにすぎない。〔「・無・」は「・生・無・死・」の方がより良いです〕

と言われているようにヘーゲルやカール・バルトたちが図らずも証明した自覚的立場と、自己自身を表現するものの立場、主客未分の意識の立場ではなく「エレミヤ書2-12　主を捨てた」、「コリント2-10-18　主の推薦」を捨てて、アブラハムが信じた神を捨てて、信仰を捨てて、主観と客観における人格神を作り上げ、その人格神との契約として信仰をするようになったのです。エレミヤが「その神を神ではない者に取り替えた国があろうか」と言われたように神様を取り替えてしま

いました。ですから彼らの対象界には人格神がいらっしゃいます。西田博士が「恣意的な神」と言われる所以です。

（霊について、パウロは、コリント人への第二の手紙3-17で、主は霊〈心霊　西田〉〈霊性　大拙〉〈霊感　カール・バルト〉である、と言われています）（神様を取り替えたことはすこし勉強した体験者なら誰でも知っています。読書が苦手な僕でも、エレミヤ書やエゼキエル書を読んで、改めて、そうだな、と思いました。僕の理解をエレミヤやエゼキエルに証明してもらいました。また、このことは、西田博士が、「ヤーヴェも〈ヤハウェ〉、固イスラエル民族の神であったが、イスラエル民族の発展に、とくにその歴史的苦難によって鈍化せられ」た、と言われたあたりの消息です）（このようなことは知的直観の体験者でも、だれでも知っています）

　旧約聖書のエレミヤが「その神を神ではない者に取り替えた国があろうか」と言われたように、新約聖書のパウロも、エレミヤやエゼキエルと同じように述べていらっしゃって、今日まで、このことが是正されていません。

　このことを是正しない限り人類は永久にマルクス・ガブリエル教授の言われる通り「欲望の奴隷」です。彼らは岡潔博士の言われたように、神話や宗教における二つの心を、顕在意識と潜在意識を、タマシヰを、第一人格、第二人格、私と汝を、愛と欲の協調を知らないのです。私と対象界、マルクスと類、ケインズと月しか、主観と客観の両観からしか出発ができないのです。しかし、彼らも字を書くことができますし、意思を表すこともできますので、主客未分から、私と

汝、第一人格と第二人格、自分ともう一人の自分から出発していることを認めるべきです。このことは、ヘーゲルやカール・バルトたちが、彼らの宗教的体験で、「コリント2-10-18　主の推薦」で図らずも証明しました。

(13) 頓珍漢な話

オバマ大統領が次のことを言われたそうですが、このことが共和党員に「オバマは起業家に敵対する大きな政府の信奉者だと言い立て」られたそうで、論争になったそうです。

　　おかげさまで
　　194頁　あなたがこれまで成功を収めてきたとしても、あなたは独力でそこへ到達したわけではありません。独力でそこへやってきたわけではないのです。成功したのは、そう、自分がとても賢かったからにすぎないと思っている人たちには、いつも愕然とさせられます。世の中に賢い人はたくさんいます。自分が成功したのは、ほかの誰よりも懸命に働いたからに決まっているという人もいます。一つ言わせていただけば――懸命に働いている人はいくらでもいるのです。
　　あなたが成功を収めたとすれば、どこかの段階で誰かが手を貸してくれたのです。あなたの人生のどこかに、すばらしい先生がいたのです。あなたの成功を可能とするこの信じがたいアメリカのシステムを生み出す手助け

をしてくれる人がいたのです。道路や橋に投資した人が
いたのです。あなたが企業を営んでいるなら ―― それを
築いたのはあなたではありません。誰かほかの人が、そ
れを可能にしてくれたのです。

マイケル・サンデル『実力も運のうち』早川書房

　どうして起業家に敵対するのでしょうか。「社会的な基盤
や構成を政府が整備したって？　恩着せがましい。起業家の
成功は、起業家だけの努力であり、起業力を認めろ、聖書が
言うように自分たちは神に選ばれた人間だ、選民だ」という
のでしょうか。「能力主義は正義か」とサンデル教授が言わ
れましたが、正しくそのことを言っています。

　アメリカではこのようなことが議論になりましたが、日本
では、ご存じのように「おかげさまで」の一言で済み、議論
になりません。彼らは、ケインズの言ったように、私と対象
界しか、私と人格神しか、愛のない、欲と、間違った選民意
識があるディベートの伝統があり、自己中心的、利己しか知
らないのです。聖書の言う選民意識が根柢にあるので、愛の
ない論理的帰結になり、より利己的になります。

　残念ですが、「エレミヤ書2-12　主を捨てた」ので、自己の
出自に還る宗教的体験を捨てたので神話的、宗教的に愛を、
蛭子様と大黒様を知らないのです。

(14) 秦氏について

　僕の解釈です。日本は、紀元前5～3世紀と推定される中国の「山海経 (せんがいきょう)」に、「東方の果てにあり、太陽が毎朝若々しく再生してくる扶桑樹という大樹のある国」であり、「神仙の住む理想の国」だと記されていて、そのことが当時の社会一般には知られていたようです。

　つまり、神話的、宗教的には理想郷であると書かれていたそうで、広く、世間一般には東方の果ての国には八百万の神様がいらっしゃって、太陽が毎朝若々しく扶桑の大木から再生してくる「扶桑の国」であると、「神仙の住む理想の国」、蓬莱山、理想郷であると、一般には、それなりに知られていたようです。

　神武天皇が、紀元前660年に建国を宣言された詔勅にある八紘一宇の心、日本の神話が表す日本の国体を広く世界に示されたので、他国の方（体験者）がそのように、日本を、大和の国を「扶桑の国」と、「蓬莱山」と理解されるのは当然だと思います。僕が神話友達を見つけたように、体験者は体験者を知ることができます。西田博士の言葉で言えば「2-14 体験者には、それは自明の事であろう」です。パウロの言葉で言えば「エペソ3-4　読めば……わかる」のです。

　秦氏の弓月国は1世紀から2世紀に栄えたそうで、秦氏の神話はユダヤ教、一神教では「異端　茂木誠」（多神教）とされた宗派の一つだそうです。それは日本と同じ八百万の神様と思われますので、一神教の故郷には住みづらく故国を離

れ、弓月の国に住んでいらっしゃった時に、「山海経」など
で広く知れ渡っていた八百万の神の理想郷、「扶桑の国」、日
本国の評判、風評を耳にされたと思われます。ゆえに、日本
に使者を派遣して神話を確かめられ、応神天皇に帰化の願い
を伝えられ、284年、渡来されて帰化されたようです。

　僕が思うに、秦氏は、彼らの神話と日本の神話の内容が同
じなので、応神天皇も彼らの神話を認められたので、秦氏は
嬉々として渡来され、直ちに同化され、政権にも加わること
ができたと思われます（神話の内容が同じでないと、安心し
て同化は、受け入れはできません）（パウロの言う「世の和
解」は、神話は民族が異なっていても、すべて同じ内容を
持っている、という事で、八紘一宇もこのことを言い、西田
博士もこのことを論じていらっしゃいます）。

　そして、秦の始皇帝においても、徐福に、男女数千人を乗
せた大船団を指揮させ、蓬莱山から不老不死の薬を持ち帰ら
せようとしましたが、彼らは蓬莱山、扶桑の国に、日 出 国
に、大和の国に来ましたが、帰国することはなかったそうで
す。中国語スクリプトより

　それは当然ですね。日本は神仙の住む、扶桑の国、蓬莱
山、安住の地であることを、神話的、宗教的に、彼らが、山
海経（せんがいきょう）などで秦氏と同じように知っていたか、
それとも、渡来してから理解したからです。多分、人数が多
いから、予め知っていて、秦氏と同じように渡来され、帰化
されたと思われます。

　最澄が、自分の弟子に、空海のところに行かせて、仏教の

189

奥義を学んでくるようにと、空海のところに弟子入りさせました。したが、弟子が最澄のところに帰ることはなかったそうです。それとそっくりですね。最澄さんが何をご存じではなかったのかは、四国八十八ヶ所巡りが分かれば、理解できます。

　815年、平安時代に書かれた新撰姓氏録、氏族の戸籍帳簿によれば、畿内に住んでいた1200の氏族のうち約400弱が外国からの帰化人だそうですが、日本神話や日本の国体を、「山海経」などで知り、秦氏と同様、嬉々として渡来され、直ちに同化されたと思われます。彼ら、ほとんどの氏族は日本の国体を、八百万の神様の神話を理解していると思われます。だから、畿内に住むことができて、政権にも加わることができたと思われます。

　日本は、大和の国は神話的、宗教的に、神武天皇の建国以来、日本の国体が示す通り、八紘一宇が言う通り、日本神話の言う通り、山海経が言う通りの、神仙が住む、例えば、「神武天皇」や「応神天皇」が、「天皇陛下」が住まわれる「蓬莱山」、「扶桑の国」が「安住の地」なのです。そして現代においては、諸外国に知識人たちにも日本だけが他国とは文化が異なっていて、文化が独自的、自立的に思われていますが、特に『文明の衝突』の著者、サミュエル・ハンチントンが「日本一国のみで成立する孤立文明　Wikipedia」であると言われるのは、また、構造主義の社会人類学者、民族学者のレヴィー・ストロースが「日本には比類がない」と言われるのは当然で、西田哲学を勉強してわかりましたが、外

国は西田博士の言われる「共産的世界主義」、共産主義であり、私と対象界の、カントと悟性概念、マルクスと類、ケインズと月、貨幣で「欲望の文化」であり、「力ずくの社会 武田邦彦」(32) であり、私と対象界における欲望のディベートで練り上げられた嘘が、生得的にある愛で言い繕った嘘がまかり通る世界観です。ゆえに、彼らの行うディベートは、ケインズの言う欲望の渦巻く戦いの場であり、その論理的帰結には「欲望の世界観」と、意味を取り違えた選民意識が隠されています。日本は、聖徳太子、厩戸皇子の以和為貴であり、「協調の文化」(26)、場所が場所自身を限定する「愛の世界観」であり、「和の文化」、「以和為貴」、「力ずくではない社会　武田邦彦」だからです。

　日本は昔の昔のそのまた昔から、神仙が、天皇陛下が住まわれる「扶桑の国」、「蓬莱山」、「安住の地」なのです。お財布を落としても、持ち主に返ってきます。略奪もありません。伊勢神宮（君）（天皇）（創造物）と出雲大社（民、体験者とその仲間）（創造物）（神議り、かみはかり）の、天照大神と大国主命の、恵比寿様と大黒様の、君と民との、愛と欲との協調の、渋沢栄一先生の「論語と算盤（ソロバン）」の国体であり、このような国は、僕の知る限り外国にはありません。日本に似た国はどこにもありません。また、友好的な民族は、みな、一神教に、私と神様との契約における宗教に、武力と策略で滅ぼされてしまいました。もし、日本が、神仙が住まわれる、天皇陛下のいらっしゃる蓬莱山として、扶桑の国として、安住の地として、今まで連綿と続いてきた大和の国が滅んだら、

ネイティブアメリカンが既に滅ぼされてしまいましたから、もう後に続く民族がありません。意味を取り違えた選民意識と、欲望が世界観の方々の構築したグレートリセットが行われ、世界は、富の一極集中が強固になり、世界は、マルクス・ガブリエル教授の言われる「欲望の奴隷」となり、いっそう対立や緊張が、隷属や格差が蔓延ります。聖墳墓教会の司祭たちと同じような心の状態、状況に陥ります。4世紀に建てられたそうですが、21世紀の今日まで、こんな狭いところで対立し、反目しあって何の意味が、成果があったのでしょうか。パウロの言うように、主で、宗教的体験で自己の出自に還れば、アブラハムの信じた神様にお目にかかりますので、一日でこんな対立は終わります。

　もう時間がありません。宗教界の方々も、座っていらっしゃるのもいいですが、たまには立って、周りを見まわしてください。心からお願いします。禅の師家さんなら、西田哲学は、僕よりも深く正確に読めるはずです。

　それから最近の移民の問題ですが、今日隣国からの移民がいらっしゃるようですが、彼らは共産主義の、反日の教育を受け、「国防動員法」や「国家情報法」という法律で、「政府の指示があればスパイとして、工作員として活動する義務がある」ということで、自分の意思とは関係なく、国家に精神的武装をさせられる方々であり、また、反日教育を受けられた方々は、秦氏や徐福とは真逆の方々で、とても日本の神話に、社会になじめる方々ではありません。彼らの神話は、強固なマルクス主義、欲望、利己であり、日本神話は協調で、

お人好しですのでなじめません。とても危険な状態ですので、直ちに、移民を中止してください。軋轢が生まれ、社会不安が増大するだけです。下手をすれば、日本が、大和の国が武力で破壊されます。

(15) マイケル・サンデル

　　キング牧師の清掃作業員への演説
　　299頁　私たちの社会がもし存続できるなら、いずれ、清掃作業員に敬意を払うようになるでしょう。考えてみれば、私たちが出すごみを集める人は、医者と同じくらい大切です。なぜなら、彼が仕事をしなければ、病気が蔓延するからです。どんな労働にも尊厳があります。キング牧師（1929〜1968）（マイケル・サンデル『実力も運のうち』早川書房より）

　そして、サンデル教授は、労働の尊厳について議論する、と題されて、

　　303頁　労働の尊厳は、格好の出発点になる。労働の尊厳は表面上、異論の余地がない理想だ。否定する政治家は皆無である。

　と言われて、キング牧師が「どんな労働にも尊厳があります」と言われた、この発言こそ、今日の社会の問題を解決す

193

る鍵になる、「労働の尊厳は、格好の出発点になる」と言われていますので、これが所得格差の是正、人種差別の撤廃、奴隷制度の廃止につながる初めの一歩だと思いました。僕は心から同意します。

　マイケル・サンデル教授の論理的出発点は、カントを継承されているか、それとも、キリスト教をその出発点に置かれているのか、知りませんが、どちらにしても西田博士に教えてもらったように、サンデルと悟性概念、サンデルと神様で、私と対象界に、パスカルと貴いものに(2)、私欲になります。これは、ケインズの「月は生チーズからできている」から出てくる貨幣への欲望、私の対象界にある私と生チーズ、月、貨幣と同じで、サンデル教授の根柢に欲望の世界観や、神に選ばれたという聖書の選民意識が知らず知らずのうちに流れていますので、彼の著書の表題と同じで「実力も運のうち」、「能力主義は正義か?」には私欲や、聖書による選民意識が、他の人より我々が優れているという考えが流れており、肯定されているような表現になりますが、彼にも生得的に愛がありますので、これらに最終的には?マークが付けられた表題になっています。そして、彼の論理はこの場所から出立されていますので、武田邦彦先生には不評です。僕も、ここから出立すればなるほどと思えないと思います。せっかく思考の出発点、「労働の尊厳は、格好の出発点になる。労働の尊厳は表面上、異論の余地がない理想だ。否定する政治家は皆無である」を見つけられているのに、残念です。

ちなみに、選民とは、「コリント2-10-18　主の推薦」を受けた人、という意味で、コリント人第二の手紙　3-17で「主は霊である」と言われていますので、神に選ばれ宗教的な体験をした、パウロのように宗教的体験をした人という意味に、体験者になり、人の優劣を言っているのではありません。(次の「パウロのイエス・キリストの定義　選民とは」198頁へ)。

　サンデル教授の、彼の根柢に私欲の世界観が流れていますので、その考えに、愛を加味して論理を作り上げられたら、いかがなものでしょうか。「労働の尊厳は、格好の出発点になる」と言われていますので、彼は、神話的、宗教的には愛をご存じではないですが、生得的にある愛を加味して、愛と欲との協調に於いて、蛭子様と大黒様の協調に、「論語と算盤」に於いて、「以和為貴」、ここから出発されたら、そんなに苦労しなくても「愛」があれば「平等」が素直に出てくると思います。そして、今まで心に流れていた、馴染んできた私と対象界に於ける「私欲」が、「選民意識」がすぐには忘れられないですが、次第に、愛における「平等」に心が落ち着くと、愛の世界観と欲の世界観、自由が馴染んでくると、以和為貴になってくると思います。あの人がそんな悪いことをするはずがない、という、正直でお人好しの、利他的な世界観が生まれてくると思います。

　私と対象界で物事を見るのか、主観と客観で物事を見るのか、欲で物事を見るのか、それとも、私と対象界の汝との協調で物事を見るのか、主客未分で物事を見るのか、愛と欲と

の協調で物事を見るのかで決まります。前者は、マルクス・ガブリエル教授が言われた通りの「欲望の奴隷」に、利己的になりますし、後者は「正直でお人好しの平等社会」に、利他的になります。

　また、神と呼ぶところのものは、アインシュタインが信じたと言われているスピノザが論じた「2-9　スピノザ的な絶対有」、「3-4　スピノザの実体」、ヘーゲル（5-9　自己疎外的精神）（ザッヘ、Sache）やマルクス（類）（真理の彼岸）（人間の自己疎外の神聖な形態）、それにカール・バルト（神と人との関係を表したインマヌエルⅠ、インマヌエルⅡ）や滝沢克己博士（同、第一義の接触、第二義の接触）（不可分、不可同、不可逆）が『人間的主体（疎外した類）（当為　西田）を「対象的存在」と言い切って動じないマルクス』と言って、第二人格を、汝の働きをご存じではないのに、図らずも汝の、第二人格の働きが、彼らの体験の時に、心に生起した結果を示され、第一人格と第二人格、私と汝の、自分ともう一人の自分の存在を証明されました。もし、ヘーゲルが汝に、第二人格に、もう一人のヘーゲルに気づいたなら、自己疎外的精神と言われなくて、「疎外」が消滅して、私は精神そのものだ、心そのものだ、と論じられ、西田博士と同じように、物質即精神なる神、真如と言われたと思います。神と呼ぶところのものは、「第二人格」が、「汝」が、「もう一人の自分」が、「映す意識」が示して、啓示して見せてくれます。ゆえに、神と呼ぶところのもの、は、私の心に、西田博士の言われる「5-5　所与」に、仏教では阿頼耶識、パウロにおいては「エペソ1-22　教会→蔵」、にいらっ

しゃって、一神教のように、あらかじめいらっしゃる神様と契約をする、心の外にいらっしゃる人格神ではありません。

エレミヤや西田博士が、

　　2-11　その神を神ではない者に取り替えた国があろうか。／ところが、わたしの民はその栄光を／益なきものと取り替えた。

　　2-9　主語的超越的に君主的 Dominus（主　電子辞書）なる神（人格神）は創造神ではない。創造神は自己自身〔質料・生・無・死・形相〕の中に否定（無）を含んでいなければならない。しかざれば、それ（君主的、Dominus なる神）は恣意（論理的に必然性がないさま　電子辞書）的な神たるにすぎない。〔　〕は加筆あり

と言われたあたりの消息で、西田博士が、

　　今日の世界史的課題の解決が（ロマ書11-15　世の和解）（神話の下に置かれていない）（世界状勢は世界が何処までも一とならざるべからざる。これらの解決）

　　我国体の原理から与えられると云ってよい（心より同意します）（一日でも早く、気づかれることを願うばかりです）。

　　英米が之に服従すべきであるのみならず、枢軸国も之に倣（なら）うに至るであろう（心から願うばかりです）（もし、そのようになれば「ロマ書11-15　世の和解」が始まります）（「世の和解」が成し遂げられたなら、バチカンがパウロの戴冠式を執り行われ

ると思います）（時が経てば、民度が、YouTube の皆さんがよく言われる晴れやかな、穏やかな、正直な江戸時代の民度になると思います）。拙著「世界新秩序の原理を読む」より

と言われる所以（ゆえん）です。

　イエス・キリスト　選民とは〔パウロのイエス・キリストの定義〕
　ロマ書　第1章
　1　キリスト・イエス（神々）の僕、神の福音〔宗教的体験で〕のために選び別たれ、召されて〔神に選ばれて、主に推薦されて〕使徒〔体験者〕〔シャーマン〕〔預言者〕となったパウロから──2　この福音は、神が、預言者〔体験者〕たちにより、聖書の中で、あらかじめ約束されたもの〔誰でも宗教的体験ができる〕であって、3　御子に関するものである。御子は、肉によればダビデの子孫から生れ、4　聖なる霊〔心霊　西田幾多郎、霊性　鈴木大拙、霊感　カール・バルト〕によれば、死人（ロマ書7-10　わたしは死んだ）〔NKZ6-347-4　場所的切断〕からの復活により、御力（みらから）をもって神の御子と定められた。これがわたしたちの主イエス・キリスト〔主に推薦された、宗教的体験をした、覚者イエス・キリスト〕である。

　死人とは
　2-9　主語的超越的に君主的 Dominus（主　電子辞書）な

る神（人格神）は創造神ではない。創造神は自己自身〔質料・生・無・死・形相〕の中に否定（無）〔NKZ6-347-4　場所的切断〕を含んでいなければならない。しかざれば、それ（君主的、Dominus なる神）は恣意（論理的に必然性がないさま　電子辞書）的な神たるにすぎない。〔　〕は加筆あり

(16) 中国の国歌は彼らの歴史を述べています

立ち上がれ！　奴隷となることを望まぬ人びとよ！
我らが血肉で築こう新たな長城を！
中華民族に最大の危機がせまる、
一人ひとりが最後の雄叫びをあげる時だ。
立ち上がれ！　立ち上がれ！　立ち上がれ！
我々すべてが心を一つにして、
敵の砲火に向かって進め！
敵の砲火に向かって進め！
進め！　進め！　進め！　　　　　　　Wikipedia より

　彼らは、戦いで負ければ奴隷となり、文化遺産がすべて破壊されてしまいました。易姓革命で、勝てば、勝者の好き勝手がまかり通ります。「安住の地」に、お花畑にいる日本人には想像もつかないことが当たり前に起きています。加瀬英明著『中国人韓国人にはなぜ「心」がないのか』（ワニ文庫）を読んでみてください。お花畑にはいられなくなります。韓国の方は、近年、自衛隊機への韓国海軍レーダー照射問題が

ありました。このやり取りを見ていましたが、加瀬英明先生の言われるように、彼らは「心」がないお気の毒な方たちだと思いました。彼らの歴史を、CGS の宇山卓栄先生の講義で勉強しましたので、彼らが、何故変わり身が早いのか、わかりました。彼らは宗主国の中国との関係や、自国における「両班」の関係で、隷属的な文化的遺産を受け継いでいるようです。だから、変わり身が早いのです。また、今の中国は昔と変わりないですね。

　日本では関西と関東の、豊臣家と徳川家の関ヶ原の戦いが超有名ですが、関西の人々が関東の人々の奴隷になったとは、大阪商人の文化が破壊されたとは、僕は聞いたことがありません。秀頼と淀の方の自害で終わりです。なぜかと言いますと、日本の国体が、天照大神と大国主命には、文化の破壊や隷属はありません。

　でも、関ヶ原の合戦があったのではないかと言われると思いますが、ここらが難しいところで、欲が強く「意志作用的有」に、「意識界」が働けば「強欲」になります。この欲について真宗の妙好人は、「『阿弥陀さまよ、どうぞ自分の煩悩を皆、とってくださるな、これがないと、あなたのありがたさが、わかりませぬ』と、真宗の妙好人はいうのである、煩悩即菩薩の片影をここに認めうるではないか。」鈴木大拙著　上田閑照編『新編東洋的な見方』岩波文庫　69頁。また、パウロが、「ロマ書7-25　わたしたちの主イエス・キリストによって、神は感謝すべきかな。このようにして、わたし自身は、心では神の律法に仕えているが、肉では罪の律法に仕えているのであ

る」と言うあたりの消息であり、人間って、難しいですね。人間って、他の命を奪って、それを食べていかなければ生きてはいけません。本当に人間って、難しいですね。公案を解けば案外わかりますが、日本では「供養」が行われ、針供養まであります。ネイティブアメリカンではバッファローダンスです。ジョーゼフ・キャンベルに教えてもらいました。

閑話休頭　　(^O^)　(^_^)　(^-^)

「奴隷となることを望まぬ人びとよ」と、このような歌詞を国歌に入れなければならないような恐ろしいことが中国では起こっていたのですね。今日でも、そんなに変わらないように思えます。

(17) 逆限定　逆対応

2-18　神と人間との関係は、人間の方からいえば、億劫相別、而須臾不離、尽日相対、而利那不対、此理人々有之という大燈国師の語が両者（時間面的自己限定・無・空間面的自己限定）の矛盾的自己同一的関係をいい表わしていると思う。否定即肯定の絶対矛盾的自己同一の世界は、どこまでも逆限定の世界、逆対応の世界でなければならない。神と人間との対立は、どこまでも逆対応的であるのである。故に、我々（私と汝）の宗教心というのは、我々の自己（デカルト的我）から起るのではなくして、神または仏の呼声である。神または仏の働きである、自己（我）〔創造物〕成立の根源からである。アウグスティヌ

スは、『告白』の初めに、「汝は我々を汝に向けて造り給い、我々の心は汝の中に休らうまでは安んじない」という。（カント、デカルト的、知的自己的）学者はこの点を無視して、ただ人間の世界（我考える故に我あり）（対象論理）（神とはこのようにあるべきだ）から神を考え、宗教を論じようとする（知的自己の宗教）。宗教の問題（2-16　自己の在処）（慈悲）（胎蔵界）と道徳（金剛界）（方便）の問題との明白なる区別すらも自覚していない。眼を覆うて弓を射んとするがごときものである（科学、数学でも追試をします、ピタゴラスの定理は学校で習い、追試します。ましてや体験世界は追試しないと、神とはこのようにあるべきだ、になってしまいます）。（一）〔　〕加筆しました

逆限定の世界、逆対応の世界、とは、場所が場所自身を限定する、です。
両者とは、時間面的自己限定・無・空間面的自己限定、を訂正して、時間面的形相限定・生・無・死・空間面的質料限定、質料・生・無・死・形相です。〔・無・〕→〔・生・無・死・〕。

(18) 神事

『神道が世界を救う』マンリオ・カデロ　加瀬英明　勉誠出版166頁

　カデロ　刀鍛冶というと、千葉県の無形文化財の保持

者である松田次泰刀匠の仕事場をたずねたことがありますが、作業場が神社でみられる注連縄が張ってあって、神域となっていました。

　作業がそのまま神事なのですね。労働が忌まれることなく、神とともにあるのですね。「そして、それが職人さんの職人気質に表れると思われます　浅井」。

『Renaissance「日本」とは何か「日本人」とは何か』監修　田中英道　85頁

　田中　「古事記」では、最高神である天照大神でさえも、高天原に田んぼを持ち、田植えや機織りをして働いています。神々がまじめに労働をしているなんていうのは、他の神話ではあり得ないことです。「伊勢神宮で行われる神嘗祭に繋がると思います　浅井」。

「西村 (恵信)　そう、もう三十年らい、久松 (真一) 先生からずっとね、禅はこれしか言わないんだぜ。(あなた思っているような) 神なんてないんだぜ。ね、お前の手をあげたり足を動かしたりするところにしか真如 (NKZ6-368-9　物質即精神なる神) はないよって、仕込まれたんですよ。それが最近、こういうところに出入りするようになって。」

　南山大学『東西宗教研究』講演（三）カール・バルト神学について滝沢克己　48頁「協調」同　48頁

(19) 文明の衝突

　サミュエル・ハンチントン著『文明の衝突』という本があるそうですが、僕は、今まで勉強してきましたが、私と対象界における、「強欲」における「武力」によって、友好的な方々から、一方的に「強奪」があるから「衝突」が起こります。

　田中英道博士によれば、ローマ帝国はキリスト教が国教となってからおよそ３年後に、古代ローマは滅亡したそうですが（YouTubeの広告）、キリスト教が国教ともなれば、土着の宗教は排斥されることでしょう。多くの場合、土着の宗教は多神教であり、自然の中に神を映したり、見出したりして、ネイティブアメリカンのように友好的ですが、キリスト教は私と神との契約で、私の対象界に神様がいらっしゃって、マルクスと類、ケインズと貨幣と同じ構造になり、カントも同じ構造ですので、欲が発生する構造ですから、武力による対立的、排他的に、強奪的、収奪的になります。ゆえに、この事を「文明の衝突」と言っているだけで、「文明の衝突」ではありません。一方的に、武力による略奪と破壊があるだけです。でも、この事を文明の衝突と言うのでしょうか。

　仏教が日本に導入されて、神道との衝突を危惧されていましたが、心の根柢を知らない人が騒ぐだけで、仏教と神道は、心の根柢の内容は、基本は、主旋律は同じですので、衝突は起こりません。

　閑話休頭　　聖徳太子が仏教を広められたそうですが、こ

204

のことは当然起こりうることで、聖徳太子は基本の主旋律
が、阿頼耶識が、「5-5　所与　西田」が同じであることを理
解されていたからです。だから、人間は人種を問わず、習慣
が違いますが、善と悪の判断は、良心は、「物質即精神　西
田」はそんなに違わないのです。アダムもリンゴを勝手に食
べて神の怒りを買いました。

　閑話休題

　これが、短期間で仏教が日本に広まった理由です。拙著を
読んでいただいて気づかれたと思いますが、僕は、日本神話
と仏教を、パウロを、ネイティブアメリカンを同じように
扱っています。なぜかと言いますと、心の根柢が、基本が同
じだから区別していません。また、西田哲学も、素人です
が、素人なりに読めます。また、公案を解けば心の根柢が分
かります。ゆえに、神と呼ぶところのものは、人の心は皆同
じです。この事は、神武天皇が、紀元前660年に建国を宣言
された詔勅、八紘一宇であり、パウロの言われる「世の和
解」です。人の心の内容は、神と呼ぶところのものは皆同じ
であるから、仲良くやればよい、何も争うことはない、とい
う事です。しかし、ゴルゴダの丘にある、キリストの墓があ
るとされている聖墳墓教会は、ローマカトリック教会やエチ
オピア正教会、ギリシャ正教会などの六宗派で共同管理をし
ていますが、こんな狭いところでも、今日まで何百年にもわ
たる勢力争いをしています。聖墳墓教会にいらっしゃる司祭
たちには、パウロの言われた「ロマ書9-31　しかし、義の律
法 (7-20　神の律法) を追い求めていたイスラエルは、その律

法に達しなかった。32 なぜであるか。信仰によらないで、行いによって得られるかのように、追い求めたからである。彼らは、つまずきの石につまずいたのである」が、ぴったり当てはまります。ぜひ、公案に挑戦して、パウロの言われるところのアブラハムが信じた神様にお目にかかってください。自己の神話的出自に還って、神と呼ぶところのものにお目にかかって下さい。そうなれば、こんな勢力争いは一日で収まります。アブラハムの「信仰」については(12)に載っています。

パウロの言われる「ロマ書11-15 世の和解」が人々に理解されていれば、浸透していれば、また、西田博士の言われる、

　　　　今日の世界史的課題の解決が (ロマ書11-15 世の和解)(神話の下に置かれていない)(世界状勢は世界が何処までも一とならざるべからざる。これらの解決)
　　　我国体の原理から与えられると云ってよい (心より同意します)(一日でも早く、気づかれることを願うばかりです)。
　　　英米が之に服従すべきであるのみならず、枢軸国も之に倣 (なら) うに至るであろう。

が完成していれば、争いはあり得ません。お人好しが通る世界になります。

また、日本人は外国の思想を土着化してきた、という事を聞き及びましたが、外国の思想は、特に、神の創造がない私

と対象界の思想は、土着できません。今日までキリスト教が一般に信仰されなかった理由ですし、儒教が本居宣長に不評な理由です。土着化できるのは日本神話に添ったものだけです。仏教や秦氏が、徐福が良い例です。仏教は、日本全国に短期間のうちに伝わりました。

（20）SDGs　共通善

SDGs はアリストテレスに由来する「共通善」と同じで、何が共通善なのか規定が不可能であり、何が社会に貢献しているかは、議論では合意が不可能であると思います。僕に言わせれば、SDGs は共通善を企業に課した現代に行われる魔女狩りであると思います。禅には貧女の一灯という言葉があります。とても貧しい女性が、なけなしのお金をはたいて、明かりを一つ祭壇に供えられた、というのがあります。この方の信仰心と、お金持ちの女性が教会に多額の寄付をされたとの信仰心はどちらが篤いのか、これを数値化するのは不可能です。多分、SDGs の判定基準では、見すぼらしい貧女が魔女になるのでしょう。なにか、インボイス制度がその前触れ、前兆のような気がします。

SDGs の構想を作った彼らは、カントやマルクスと同じで、私と対象界、私欲しか知りません。彼らの論理の中に自己自身を表現するものの立場が、ヘーゲルが言う「5-9　自己疎外的精神」やマルクスの言う「類」は、汝や第二人格が示した、啓示したものであるにもかかわらず、神話的、宗教

的な愛と欲との協調があるのに、それに気づいてはいないのです。ですから私と対象界しか知らないのです。ケインズの言う月、貨幣しか、欲望しか知らないのです。

　利己的な彼らがディベートで議論すれば、愛ではなく、欲望が絡んだ議論になり、結論に、口だけ立派ですが、意味を取り違えた選民意識と、欲望が入っています。SDGsの判定基準には、生得的にある愛によって隠された欲望や分断が潜んでいて、シオニズムに便乗した人たちが決めた基準に沿って共通善、貢献度を算出して、足りない者にはもっと働けというのでしょうか。それとも廃業しろというのでしょうか。「観想(32)」に於いて「類」を見たマルクスが、「共産主義革命は資本主義経済の最も進んだ国で起こるものだとし、資本主義社会から社会主義社会そして共産主義社会と進むことは歴史的必然であると言った。Wikipedia」そうですが、自己自身を表現するものの立場、に気づいていない、必要十分条件を満たしていない半端な論理なので、こんなに我田引水的な論理が出てきたのです。論理は被造物が、創造物が言うのではなく、創造される方が示されるのです。こちらが言うのではなくて、向こうが言うのです。ですから、彼らもユングの言う第一人格と、アインシュタインがお気に入りのスピノザやマルクス、ヘーゲル達が見落とした第二人格に、西田博士の私と汝にならなければ字が書けないし、意志 (1-20　意志作用的有) も表すことができないことを知るべきだと思います。私と対象界、主観と客観ではなく、主観と客観が発生する以前の主客未分を、私と汝を知るべきだと思います。僕が

208

説明をしたように、試してみればすぐにわかると思います。

　私と汝で出てくるのは、西田哲学が主張している、場所が場所自身を限定する、愛と欲との、天照大神と大国主命の「協調」、蛭子様と大黒様の「協調」、「和を以て貴しとなす」、「日常の私」です。

(21) 建築者

　今日の世界（場所的有）（自己）的道義（人の行うべき正しい道）はキリスト教的なる博愛主義でもなく、又支那古代の所謂王道という如きものでもない。各国家民族が自己を越えて（私と汝）一つの世界的世界（意識）（私と汝の統一）（理性）（人格）を形成すると云うことでなければならない、世界的世界（人格）の建築者（主の僕）（シャーマン）（預言者）（パウロ）（親鸞）（釈迦）（イエス）となると云うことでなければならない。拙著「世界新秩序の原理を読む」より

　我国体は単に所謂全体主義（全世界的空間）（私と対象界）（私と類）（私と人格神）（ウシハク）ではない。皇室は過去未来を包む絶対現在として、皇室が我々の世界の始であり終である。皇室を中心として一つの歴史的世界（人間）（民度）を形成し来った所に、万世一系の我国体の精華があるのである。我国の皇室は単に一つの民族的国家の中心と云うだけでない。我国の皇道には、八紘為宇の世界形成の原理（和を以て貴しとなす）が含まれて居るのである。

　歴史的世界（創造物）（自己）形成には、何処までも民族

(民族・族人)→(神語)〔神話〕と云うものが中心とならなければならない。それは世界（場所的有）（自己）〔人格〕形成の原動力である。共栄圏と云うものであっても、その中心となる民族（長）←（首長・族人）（シャーマン・族人）←（中心人物）が、国際連盟に於ての如く、抽象的（選挙で）に選出せられるのでなく、（心霊　西田）（霊性で　大拙）（主の推薦で　パウロ）歴史（八八、百八）的に形成せられる（主の僕）（シャーマン）（覚者）（親鸞）（パウロ）（釈迦）（イエス）〔世界的世界（人格）の建築者　世界新秩序の原理〕のでなければならない（同意します）。斯くして真の共栄圏と云うものが成立するのである。併し自己自身（時間面・相互限定・空間面）の中に真の世界性（場所的有）（歴史）（主旋律）〔愛と欲との協調〕を含まない単に自己の民族を中心として、そこからすべての世界（私と対象界）（意識界・物質界）（カント）（デカルト）（パスカル）を考える単なる民族主義は〔カント、マルクス〕、民族自己主義（凡夫）（Ego）であり、そこから出て来るものは、自ら侵略主義とか帝国主義とか云うものに陥らざるを得ないであろう（知的直観）（欲と対立を生む時間面と空間面→マルクス）（自覚的有と対象的有）（私と対象界）（4-1　パスカル）（悟性概念　カント）。今日、英米の帝国主義と云うものは、彼等の民族自己主義（主人と奴隷）（王様と民衆）（私と対象）（私と人格神）（欲）に基くものに外ならない。〔　〕加筆しました。拙著「世界新秩序の原理を読む」より

(22) ホイーラー・ドウィット方程式

　量子論と相対性理論を繋ぐ、統一する理論だそうで、この方程式を解くと、時間を表す「t」が、相殺されるそうで、静止画像とよく似ています。

　今のところは、西田博士の言われた「物理現象 (ニュートンの揺りかご) が力の場の変化として考えられるゆえんである」です。

　そして、僕は成長ブロック宇宙論を支持します。その理由は、僕たちは「夢」を見ることができるからです。

(23) 浄土真宗について

　西田博士は浄土真宗について次のように論じていらっしゃいます。

　　2-14　絶対の神は自己自身 (統一している私と汝) の中に絶対の否定を含む神でなければならない、極悪にまで下り得る神でなければならない。悪逆無道を救う神にして、真に絶対の神であるのである。最高の形相 (神) は、最低の質料 (極悪人までなり下がった被造物) を形相化する (救う) ものでなければならない。絶対のアガベ (慈悲) (悲願) は、絶対の悪人まで及ばなければならない (人はもともと仏である、私達は神の創造物、被造物です。追試してみて下さい)。神は逆対応的に極悪の人 (被造物) の心 (私と汝) に

も潜むのである〔悪人正機〕。単に鞠く神は（今日のキリスト教）（罪を問う）（パウロは「生きている者→未体験者」と「死んだ者→体験者」を判断する、見極める）、絶対の神（絶対無）ではない。かくいうのは、善悪を無差別視するというのではない。最高の完全者を神（今日のキリスト教）と考えるごときは、我々の心霊上の事実（1-11　反省とは、場所が自己の中に自己を映すことにほかならない）（自己の中に自己を映す）（ロマ書1-17　神の義は、その福音の中に啓示され、信仰に始まり信仰に至らせる）

　からではない。対象論理（デカルト、カント、知的直観）的に神を考えているのである。推論（神とはこのようにあるべきだ、ドクサ）によって神を考えているのである。〔　〕加筆しました。

　禅も浄土真宗も同じ基盤から出立しています。そして、仏教は大乗と小乗とに分かれますが、禅は個人の乗り物、小乗で、浄土真宗は、多くの方々の乗り物、大乗と理解してもよいと思います。時々、妙好人を輩出します。

(24) お花畑の住人を一時返上

　日本ってすごい国ですね。「神様も驚くくらいの立派な国だった　武田邦彦」し、これからもそうです。僕たちは神話的、宗教的な理想郷に、「安住の地」に住んでいます。この事に早く気づいてください。この事は、日本には、いろんな問題があるにもかかわらずお花畑にいられる理由です。僕の

友達なんかは、僕がいろんな問題を提起しても、俺はもう年だから関係ないと言いますし、もう、聞きたくないと言います。その上、そんなことを言っているとみんなに嫌われるよ、と付け加えます。僕が、子供や孫はどうするんじゃい、と言っても反応がありません。これで良いのでしょうか。(意識が私と汝から出立しているので、自我が希薄です。なので、汝を他人と思いがちになり、他人に任せてしまう傾向が、依存心があると思われます)。

　よくよく考えて、ディベートで作り上げた彼らの欲が絡んだ深い意図を、うまい言葉で、口だけ立派な、愛で隠した欲を読み、己を知らなければ太刀打ちできません。一人で考えてもよいですが、誰かと話し合ったほうが、閃きがあると思います。彼らは弱者に、お人好しに付け込み、生き馬の目を抜くのは当たり前、朝飯前です。お人好しもよいけれど、お花畑にいては何も見えません。お花畑の住人を、理想郷の、安住の地の住人をしばらく返上して、主客未分ではなく、私と対象界の、主観と客観が、「4-11　私欲」が発生する自覚的立場の、欲望の世界観で、主観と客観で、利己で考え抜いた論理を、よくよく考え、注意深く考えて、神が不在のディベートで、うまい言葉で隠された欲望を見抜きましょう。(宣伝広告を見て、いつも思いますが、あなたの言うように、あなたの論理でお金が手に入るなら、その論理を宣伝して売り込んでいるのなら、あなたがその論理を使ってお金を手に入れてください。そのほうが、お金が手に入りますよ、と思ってしまいます)

最近、人間の弱みに付け込んで、恐れを抱かせ、接種を促し、5類になった病気はその一環であると思いますし、彼らの言うグレートリセットは、神が不在の選民意識と欲が絡んだ意識で構築され、結論にそのことが活かされていますので、格差が拡大し、隷属が強化されます。そして、彼らの意図をしっかりと掴んで、自分にできることを見つけて、創造物のために、創造の事実を映した日本の国体のために行動しましょう。今のままでは大和の国が、この日本の国が、マヤ文明が、それにインカやネイティブアメリカンが、私と対象界の、欲望と選民意識の宗教に滅ぼされたように、滅ぼされます。もし、日本が滅んだら、世界は永久に欲望の奴隷です。山海経（せんがいきょう）が言っている扶桑の国、蓬莱山は、「安住の地」は、もう、どこにも見つかりません。やがて、世界が滅びます。

　欧米の金持ち集団や貴族の方々や、相手の国を植民地支配している国、馬渕睦夫先生がディープステートと言われている人たち、西田幾多郎先生が「共産的世界主義　世界新秩序の原理」と言われている人たちは、シオニズムに便乗した方々はマルクス・ガブリエル教授が言われるとおり正真正銘の「欲望の奴隷」です。だから、彼らには神話的にも、人間的にも愛がありません。愛がなければ、場所が場所自身を限定する、三位一体が成立しませんので、人としては失格、「人間失格」です。字が書けないし、意志（1-20　意志作用的有）も表すことができません。しかし、ヘーゲルやカール・バルト達が、私と汝の、第一人格と第二人格の存在を証明したよう

に、彼らも字が書けますし、意志 (1-20　意志作用的有) も表すことができます。ですので、彼らも創造物で、神話的、宗教的に愛があります。この愛に、彼らが「コリント2-10-18　主の推薦」で、宗教的体験で気づくことが一番いいですが、神に諭されたアダムのように働けば「創世記3-22　善悪を知るもの」になることができます。アダムのように働いて収穫物を、当為を、賜物を得てください。その収穫物に、賜物に働く心は、ケインズの欲望ではなく、あなたの感謝が働きます。天皇陛下も、春に田植えをされて、秋には稲刈りをされて、収穫物を、神の賜物を祭壇に供え、感謝し、それを食 (しょく) される新嘗祭があります。陛下も高天原の神々に倣って、新嘗祭を執り行われます。労働は神事 (18) です。

　外国は、多くの方が主観と客観の、「4-11　私欲」発生する自覚的立場の私と対象界、ケインズと月、貨幣、私と契約をした人格神ですので、西田博士の言われるように「私欲」が発生します。それに、間違った選民意識があり (15)、欲望が主流の世界観ですので、究極的には相手から奪うということが、日常茶飯事になることがあります。カリフォルニアなんかは今大変なことになっています。カリフォルニアは2023年現在、「万引天国」だそうです。「共産的世界主義　西田」や、カントやヘーゲル、マルクスが陥った自覚的立場だけの行き着くところでは、このようなことが起こり、マルクス・ガブリエルの教授の言われた「欲望の奴隷」の終焉は、永久にありません。

（25）賞味期限が切れた民主主義　自由と平等の論理付け

馬渕睦夫【大和心ひとりがたり】2023年第15回●日本に残された最後の命綱　〜賞味期限が切れた民主主義②〜YouTube より

　自由と平等は本来両立できない、とおっしゃっていて、なるほどと思いました。僕が思うに、それらは相反する意味を含有していて、自由は言葉の中に欲を含有していると、欲から自由が出てくると、平等は愛を含有していると、愛から平等が出てくると思いました。ゆえに、マルクス達が陥った自覚的立場だけですと（馬渕睦夫先生は、唯物論に立っているから、両立しないとおっしゃっていました）、私と対象界から出てくるパスカルと貴いもの、生と死、愛と欲、マルクスと物質、目的、ケインズと月、貨幣である自覚的立場から出てくる欲望だけですと、馬渕先生がおっしゃったマルクスの唯物論ですと、自由と平等に欲が後押しして、それぞれが勝手に走り出し、「賞味期限が切れた民主主義」になりますが、私と汝から出てくる愛と欲の協調から、自己自身を表現するものの立場から、場所が場所自身を限定する、から以和為貴が出てきますので、以和為貴による自由と平等の民主主義が成立します。平等と自由は絶対矛盾的自己同一なのです。絶対（対を絶するものではない）（絶対無）（三位一体）（質料・愛・協調・欲・形相）矛盾的（生・協調・死）（動・協調・静）（愛・協調・欲）（心・協調・身体）自己（私・愛・協調・欲・汝）（意識・愛・協調・欲・無意識）、（時間面・生・無・死・空間面）同一（統一）（NKZ6-348-5　共同意識）（自

己）になりますので、平等と自由が、平等・協調・自由、博愛・協調・自由が成立し、このことが創造に繋がります。

　そして、絶対無、三位一体、質料・霊・形相の「相互限定」(7) の「場所」に於いて、「NKZ6-347-4　場所的切断」における、生体と物質における、「NKZ6-386-11　非連続的連続・無媒介的媒介」による「愛と欲との、生と死との協調(26)」に於いて、「霊」、「生かせたる　神話友達」が働き、創造が始まり、以和為貴が出てきます。このことが創造物、人間の創造です。無意識が、もう一人のマルクスが、愛が考慮に入っていない、馬渕睦夫先生のおっしゃっていた「唯物論」では「平等と自由」は成立しません。博士は『5-9　絶対とは対を絶するものではない。拙著「場所」』と言われています。僕は、馬渕睦夫先生の講義を拝聴してなるほどと思いました。先生に敬意を表明します。

　生得的の持っている愛と欲との協調は、商売繁盛を願う恵比寿様と大黒様の協調は、日常の人間の心そのものです。そして、このことが、日本が伝統的に培ってきた経済活動であると、渋沢栄一先生の「論語と算盤」であると思います。最近、YouTube で実現しそうもない方法でお金を稼ぐことができると宣伝していますが、私と対象界で考えたのでしょう。これでは自我だけの意識でもう一つの意識がありません。これは、マルクスが陥った意識で、何の論理的根拠もない、砂上の楼閣です。このような意識ではなく、日本の商いの慣習にある蛭子様と大黒様の協調、恵比寿様で心を整えて、大黒様に金運を願う、渋沢栄一先生の「道徳経済合一」の理念に

帰るのが本来の姿だと思います。東洋紡株式会社の HP を見ればわかりますが、東洋紡とそのグループが、岩崎弥太郎先生と経営理念で対立され、競われた渋沢栄一先生の意志を、理念を、「道徳経済合一説」、「順理則裕」を受け継いでいらっしゃいます。

(26) 協調

異なった環境や立場に存する複数の者が互いに助け合ったり譲り合ったりしながら同じ目標（創造　浅井加筆）に向かって任務を遂行する性質。Wikipedia

愛の立場を認め、欲の立場を認め、お互いに尊重して、助け合ったり譲り合ったりしながら同じ目標に向かって任務を遂行する性質。ラグビーの用語の、「一人はみんなのために、みんなは一つの目的のために、One for all, All for one」でもよいと思います。https://tetsu-tama.com/ より

(27)

調べましたら、上は中国に忖度しており、党の幹部のほとんどが、隣国からの帰化人だそうです。しかし、秦氏や秦の徐福とは真逆の方々で、このような方々を政権の中枢に入れることは、混乱を招くだけであると思います。君民共治、伊勢神宮、君と出雲大社、民、体験者とその仲間、の神在祭で行われる神議り（かみはかり）が、政の中心です。彼らとは神

話が真逆ですので、国益を損なうだけですので政権には入れないことです。応神天皇なら、秦氏と真逆な方々ですので、彼らの渡来は許されず、もちろん政権には入れられません。

矛盾を平気でまかり通す、あなた方は欲望の奴隷で、心に悪魔が住んで、心が悪魔に乗っ取られています。真のグレートリセットを、人類の意識大改革を直ちに行って、あなたのパソコンに、脳みそに入っている欲のソフトを協調のソフトに直ちに入れ替えてください。直ちにしないとあなた方は、対立と混乱を招くだけの存在です。狩猟採集をしていた時代なら、社会から排除されています。確か、ジョーゼフ・キャンベルが言っていたと思います。

(28) 小名木善行「むすび大学」

YouTube で小名木善行先生の、「【LIVE】いま世の中で起きている本当のこと、むすび大学チャンネル」をぜひ視聴してください。僕も先生が世界について論じていらっしゃることを危惧しています。そして、人々が「欲望の奴隷」でよければ対立が激化して世界が滅ぶと思いますが、そうでなかったなら西田幾多郎博士の論理で日本を、世界を立て直すことができると思っています。また、不老長寿のことは先生の説明で腑に落ちました。

（29）田中英道

　田中英道「堕落した民主主義に代わる日本の君民共治を」日本国史学会　大東亜会議八十年シンポジウム　代表挨拶（日本経済大学神戸キャンパス）（2023年4月8日）

　ぜひYouTubeでご視聴をしてください。ここでも論理化を言われています。

（30）あるユダヤ人の告白

　あるユダヤ人の告白『日本人に謝りたい』日本近代史の真実、日本国憲法の欺瞞　目から鱗とは、まさにこのこと（西田昌司ビデオレター　令和4年11月11日）。

　僕は、出版社へ原稿を送ろうと思って準備がほとんど完了したときに、出会いました。幸運でした。ぜひ、YouTubeでご視聴してください。

　拙著は、西田昌司先生のおっしゃっていたことを、西田幾多郎哲学で、西田論理で論理的に説明していらっしゃいます。そして、君民共治の論理は、我々の神話である日本神話に書かれています。このことをご理解できるように説明しますので、よろしくお願いします。

　また、馬渕睦夫先生の「耕雨塾体験受講　前期第4回：7月ジェイソン・モーガン先生ゲスト回」もご視聴してください。冒頭で、「神殺し」の話が出てきますので、えっ！　神を殺すなんて、と驚かれるかもしれませんが、このことも説

明します。予備的に説明しますとエレミヤが、「エレミヤ書2-11　その神を神ではない者に取り替えた国があろうか」と言われたところの消息です。これと同じことを話されているとは思えませんが、その話の内容は同じです。

　この講義も拙著の最終の校正がほとんど終わった時に、出合いました。本当に運がよかった。

(31)

　　　今日の世界史的課題の解決が（ロマ書11-15　世の和解）（神話の下に置かれていない）（世界状勢は世界が何処までも一とならざるべからざる。これらの解決）我国体の原理から与えられると云ってよい（心より同意します）（一日でも早く、気づかれることを願うばかりです）。英米が之に服従すべきであるのみならず、枢軸国も之に傚（なら）うに至るであろう（心から願うばかりです）（もし、そのようになれば「ロマ書11-15　世の和解」が始まります）（「世の和解」が成し遂げられたなら、バチカンがパウロの戴冠式を執り行われると思います）（時が経てば、民度が、YouTube の皆さんがよく言われる晴れやかな、穏やかな、正直な江戸時代の民度になると思います）。拙著「世界新秩序の原理を読む」より

　外国に於いては国の興亡が激しく、長続きしません。中国に於いてはどれだけの国が興亡したのでしょうか。欧州においても同じで、日本のように建国以来、二千数百年も長きに渡って、万世一系の天皇家が続いている国は他にありませ

ん。この国体を持続可能な社会と言わずして、何をか言わん
や。

　愛と欲との協調のソフトが入っていない、欲のソフトしか
入っていない方々には、日本の国体が見えないのでしょう
か。たぶん、彼らも、生得的にある愛を知っているから、見
えるようになると思います。「エレミヤ書2-12　主を捨てた」、
宗教的体験を捨てた方々は、神話的に愛を知らないので、カ
ントやマルクスの私と対象界、パスカルの言う、パスカルと
貴いもの、における自覚的立場、時間面・生・無・死・空間
面だけで、潜在意識はそこにはなくて、顕在意識だけで意識
が成り立っており、西田博士の言われる「シネ・クワ・ノ
ン」、必要十分条件ではありません。ゆえに、生得的にある
欲が、図らずもケインズが、分かりやすく示してくれた、私
と対象界の場にある欲が、ケインズの言う欲望（3）が、エ
レミヤやエゼキエル以前より続いていて、どこまで遡るのか
分かりませんが、一応区切りますとBC 1300年くらいから今
日まで、3300年の間続いていて、欧州では人々の意識の主
流になっています。中国では、玄奘三蔵や臨済などが輩出し
ましたが、玉石混合です。

　3300年もの間続いていますのでこのままいけば、マルク
ス・ガブリエル教授の言われる「欲望の奴隷」からは抜け出
すことができません。人類の種の寿命が尽きるまで続くので
しょうか。

　パウロの言われる「神の召し」、「主の推薦」、西田博士の
「心霊」、大拙博士の「霊性」、宗教的体験における理解が一

番いいですが、それができない方は、字を書いてみるとよく
わかります。字を書くということは、場所が場所自身を限定
する、ということであり意識と無意識、私と汝に、貴方ともう一人の貴方に、ヘーゲルともう一人のヘーゲルに、左脳・
脳梁・右脳になりますので、主観と客観が発生しません。何
故発生しないのかは、人は意識と無意識で意識が成立してい
るからです。意識と無意識の統一、私と汝の統一が「自己」
なのです。主観と客観が発生するのは、私の対象界だけの意
識の時で、パスカルと貴いもの、K・マルクスと類、ケイン
ズとその対象界にある貨幣、ケインズ・生・無・死・貨幣、
時間面・生・無・死・空間面だけの意識の時に、ケインズの
ように「2-1　外を内に映す」ときに、ケインズが貨幣を見
た時に発生します。

　そして、空間面に示されたものは汝が示したもの、空間面
的質量限定が、潜在意識が働いたから示されたのです。人が
働けば収穫物や報酬は神の賜物になりますので、空間面は当
為であり、賜物であり、「空間面的質量限定」と同等の意味
を持ちます(18)。

　ですから、人が働けば神からの賜物を得て感謝が発生しま
す。ケインズが見た貨幣は、ケインズが働いて得たものな
ら、賜物と同等で、感謝がそこにはありますが、誰かさんが
持っていたものを勝手に自分のものにすれば、アダムと同じ
過ちを犯したことになります。

　カントも含めて、マルクスやヘーゲルのように、第二人格
に、もう一人のマルクスやヘーゲルに気づいていない方々

223

の、ケインズの言う欲望が発生する私と対象界、主観と客観から出立された方々の欲望の戦いの場であるディベートでは、論戦に勝つには、自己に得になることを、実現しそうもないことを美辞麗句でいかに同意を得るのか、信じ込ませるかにかかっており、そのことによって、自己が得をするのに重点が置かれています。ですので、そこには、愛が、以和為貴がありません。

　そして、これらのことが得意な彼らによって、持続可能な社会が提唱されています。しかし、彼らの住んでいる欧州は、国名が何度も変わった国で、特に隣国は、易姓革命で国名が目まぐるしく変わった国で、持続可能な社会ではありません。私と対象界の、時間面・生・無・死・空間面の、ケインズが言う、ケインズと月、貨幣である欲望が発生する立場では、持続可能な社会は不可能です。西田博士の言われる「共産的世界主義」では、顕在意識しか知らない、主観客観しか知らない砂上の楼閣のマルクスの論理では、歴史も証明していて不可能です。

　紀元前5〜3世紀に書かれたと推定される山海経に記されている「東方の果てにあり、太陽が毎朝若々しく再生してくる扶桑樹という大樹のある国」、「神仙の住む理想の国」は、「安住の地」は (14)、神仙が、神武天皇が、紀元前660年に建国を宣言された日の本、万世一系の日本国であり、今日まで、2700年もの間続いています。

　このことを、持続可能な社会を提唱した方々はどのように思われているのでしょうか。国名が時々変わった国の彼らの

ご先祖さん達や、彼らが、住んだことのない持続可能な社会を、日本をどのように思っていらっしゃるのでしょうか。

　利己的な主観と客観から思考が始まるディベートで考えた論理には、思考の場に、論争の場に於いて欲が働き、結論にも欲望や選民意識が入り込み、ケインズの言われる貨幣が目に映ってしまって、欲望で心に悪魔を住まわせて、悪魔の意向にしたがって、私と対象界しか知らない利己の、悪魔に乗っ取られた思考の論理的帰結になり、八紘一宇の自由で平等の意識や愛は、日本の国体は見えていないのでしょうか。「持続可能な社会」を構築したことがない、国名が時々変わった彼らの論理は、持続不可能な社会的論理であり、中国に於いては易姓革命であり「共産的世界主義　西田」を、グローバリズムを目論み、対立と混乱を煽る、引き起こす元凶です。

　持続不可能な社会が作り出すのは、マルクス・ガブリエル教授の言われる「欲望の奴隷」であり、そして、格差社会、隷属的社会であり、平等と自由は唯物論では成立しないと馬渕睦夫先生が仰っていましたが、平等は愛から、自由は欲からでてきますが、私と対象界のマルクスの論理なら、欲がそれぞれの立場を優先しますので、それぞれが、平等と自由が自分の立場を主張してまとまりません。馬渕先生が平等と自由は唯物論では成立しないと言われたように、僕もそのように思います。

　生と死、愛と欲、動と静の協調に於いて、霊に於いて生体が物質に、物質が生体になる相互限定の場所（7）、霊の場

225

所、「生かせたる　神話友達」の場、命の場によって平等と自由が、以和為貴が成立します。それが絶対矛盾的自己同一の創造物、人間です。

　絶対矛盾的自己同一とは、絶対（絶対無）（三位一体）（5-9　対を絶するものではない）（質料・愛・協調・欲・形相）矛盾的（生・協調・死）（動・協調・静）（愛・協調・欲）（心・協調・身体）自己（私・愛・協調・欲・汝）（意識・愛・協調・欲・無意識）→（場所が場所自身を限定する）同一（統一）（NKZ6-348-5　共同意識）（自己）になりますので、平等と自由が、平等・協調・自由が、民主主義が成立します(25)。そして、これが創造であり、創造物、人間であり、国家と国民、天皇陛下→創造物と国民→創造物で、天皇と大御宝、君と民で、日本の国体です。

(32) マルクスの論文

「マルクスの『類的疎外』規定の検討」沢田幸治　神奈川大学学術機関リポジトリ　37頁（意識界・無・物質界）は（意識界・生・無・死・物質界）に直して読んでください。

　①人間は一つの類（物質）（心霊、主、観想に於ける時間面・無・空間面）（意識界・無・物質界）存在である。彼が実践的かつ（心霊、主に於いて）観想的に類を ―― 彼自身の類（身体）をも爾余の諸事物（私と諸事物）のそれをも ―― 彼の対象（私と身体）（私と類）（時間面・無・空間面）（意識界・無・物質界）（超越的内在）（コリント2-6-17　分離せよ）たらしめる点でそうであるのみならず、また ―― そしてこれは同じ事柄の別な言い

方にすぎないが、――彼が自己自身にたいして、現にそこに存在する生きた類（身体）にたいするようなあり方（心と身体）をする点、彼が自己自身にたいして、ある普遍的な、それゆえに（主の推薦、観想に於ける）自由な、（疎外された）存在者（類）（神）（対象界）にたいするようなあり方（マルクスと物質界）（疎外、外化）をする点でもそうなのである。

②類生活（私と身体）（心と類）（私・物質）は人間の場合でも獣の場合でも、身体的に一つには、人間が（獣と同じように）非有機的自然（物質）によって生きるところにあるのであって、人間が獣として普遍的であればあるほど、それだけ彼の生きる素である非有機的自然の範囲は普遍的である。植物、動物、石、空気、光等々が、あるいは自然科学の対象、あるいは芸術の対象、――彼によってまず享受と消化のために調整されねばならないところ（信仰）（精神的生活）の彼の精神的な非有機的自然（類）、精神的糧（神）として――観想的に（主、心霊に於ける私と空間面）（意識界・無・物質界　西田）人間的意識（類との疎外として）（コリント2-6-17　分離せよ）の一つの部分を成すように、それらはまた実践的にも（私と対象として）人間的生活（私と爾余の諸事物）と人間的活動（資本家・労働者）（私と商品）の一つの部分を成す。肉体的に人間が生きるのは、ただこれらの自然産物（爾余の諸事物）――これらがいま食物、燃料、衣料、住い等々、どんなかたちであらわれるかは別として、――によってのみである。実践的には人間の普

遍性は全自然を —— それが（一）直接の生きる手段（対象）（疎外）（方法）、すなわち食料であるという点でも、またそれが（二）彼の生活活動の材料、対象および道具であるという点でも —— 彼の非有機的（物質的）身体たらしめるところ（時間面・無・空間面）（類との疎外）（コリント2-6-17分離せよ）の普遍性においてこそあらわれる。自然は人間（心と体）の非有機的な体（類）（物質）である。つまり、それ自体が人間の身体なのではないかぎりでの自然はそうなのである（物質即精神なる神の、人間の喪失）〔真如の喪失〕。人間は自然（物質）（類）によって生きるということは、自然（類）は彼の体であって、死なないために人間はこの体といつもいっしょにやっていかなければならぬということである。人間の肉体的および精神的生活（私と物質）（私と類、神）（ヘーゲルは「5-9　自己疎外的精神」）が自然（物質）と繋がっているということは、自然（身体）が自然自身（物質）（物体界、主に於いて観想する対象界、物質界、類）と繋がっていることを意味するものにほかならない。けだし人間は自然（物質）（類）の一部だからである。（マルクスでは「物質から意識」が出てこない、西田博士は「物質から意識」が出てくる。ビッグバンから始まった生物の進化の過程を観れば、物質があってそこから意識が生まれた、意識が何処かにあったとは到底考えられない。ホーキング博士が、ビッグバンの時、神様のいる場所がなかった、と言われたと、どこかで聞いた気がする）

③疎外された労働（資本家・労働者）は人間から（一）自然（生産物）を疎外し、（二）彼自身を、換言すれば彼自身

の能動的なはたらき、彼の (本来自由であるはずの) 生活活動を疎外すること (資本家・労働者) (私と商品) によって、人間から類 (生産物) (物質) を疎外する。それは人間にとって類生活 (私と類、神) (精神的生活) を個人的生活の手段 (対象) (疎外) (方法) (私と商品) たらしめる。第一にそれは類生活 (私と類、神) と個人的生活 (私と商品) を疎外し、そして第二にそれは後者 (個人的生活) (私と商品) をそれだけとして切り離されたかたちで前者 (私と類、神) の —— 同じようにそれの抽象的 (主に於ける観想的) な、そして疎外されたかたち (私と対象界) での前者 (私と類、神) (超越的内在　西田) の —— 目的 (疎外ゆえそれを求める心) (私欲) (利己) (私と商品) (信仰) たらしめる。(超越的内在は私と対象界、内在的超越は私と汝)

④けだし人間には労働、生活活動、生産的生活 (私と爾余の諸事物) (資本家・労働者) そのものは一つの必要、つまり肉体的存在の維持の必要を満たすための一つの手段 (対象) (疎外) (方法) としてのみあらわれるからである。しかし生産的生活 (資本家・労働者) は類生活 (疎外) (私と類) である。それは生活を産み出す生活である。生活活動の仕方のうちに一つの種 (人間) の全性格、それの類性格 (資本家・労働者) (私と商品) (私と神、類) があるのであって、そして自由な意識的な活動は人間の類性格 (信仰) (私と神　パウロ) (私と人格神　キリスト教) である。生活そのものはただ生活手段 (私と商品、爾余の諸事物) としてのみあらわれるのである。(40-S、515-516、435-436頁)

K. Marx "Okonomisch-philosophische ManuskripteausdemJahre 1844"

KarlMarxFriedrichEngels

Werke, ErganzungsbandersterTeil, InstitutfiirMarxismus-Leninismusbeim

ZKderSED, DietzVerlag, Berlin, 1968

邦訳「1844年の経済学・哲学手稿」『マルクスエンゲルス全集』第40巻、大月書店

「マルクスにおける疎外論の発展（１）」岩淵慶一

麻酔薬　133頁　ドイツにとって宗教（キリスト教とパウロ）の批判は本質的にはもう果たされており、そして宗教の批判はあらゆる批判の前提である。……反宗教批判の基礎は、人間（「我考えるゆえに我あり」の我）が宗教（神）をつくるのであって、宗教（神）が人間をつくる（創造する）のではない、ということである（超越的内在及びキリスト教批判）。たしかに宗教は、自己自身をまだかちえていない人間か、それとも再び自己自身を喪失してしまった人間か、いずれかの人間の自己意識および自己感情である。

だが、人間というものは、この世界（心）の外部にうずくまっている（疎外、外化、がいかされている）（コリント2-6-17　分離せよ）、抽象的（主、心霊に於ける観想、見性された対象的、疎外的、外化的）な存在（類）（ザッヘ、Sache　ヘーゲル）ではない（超越的内在）。人間、それは人間（自我）の世界であり、国家、社会である。この国家、この社会が倒錯した世界であるがゆえに、倒錯した世界（心）意識である

宗教を生みだすのである。……宗教は、人間的存在 (類) が (疎外、外化され) 真の現実性 (神の創造) をもたないがゆえに、人間的存在 (類) を空想的に現実化 (創造) (自己疎外的精神 ヘーゲル) することである。……宗教上の悲惨は現実的な悲惨の表現でもあれば、現実的な悲惨にたいする抗議でもある。宗教は抑圧された人間の嘆息であり、心なき (外化、疎外された) (自己疎外的精神 ヘーゲル) 世界の心情であるとともに、精神 (神) (神の創造) なき状態 (対象) (疎外) (外化) (分離せよ) の精神 (主に於ける観想、見性に於いて、我と対象的に、空間面に、対象界に、疎外された状態で類を見る宗教的自己疎外) (自己疎外的精神 ヘーゲル) である。それは (疎外ゆえにそれを求める) (あこがれ) (キリスト教の場合は、人格神ゆえ、それを求める、希求する) 民衆の阿片である。(西田哲学を読めば慈悲、悲願、愛が出てきます) (マルクスはそれに気づいてはいらっしゃらないか、又はそれが現れなかった場で、彼の立場は、仏あって衆生あり、です。体験世界には大悟と小悟があります) (パウロは慈悲をご存知です。しかし、仏あって衆生あり、になっています)

K. Marx: Zur kritik der Hegelschen Rechtsphilosophie. Einleitung. In: K. Marx—F. Engels Werke Dietz, Verke Dietz, Verlag. Berlin Bd. I, S 378

134頁　それゆえ、(心霊、観想に於いて) 真理の彼岸 (神の創造) が消えうせた (超越的内在→私と類、神の外化、神との疎外) 以上、さらに此岸 (この世) (現世) の真理を確立することが、歴史の課題である人間の自己疎外 (私に対する類、神) の神聖 (彼岸の) な形態が (主に於ける観想に於いて) あばかれた以上 (人は非創造物である)、神聖でない (此岸の) 諸

形態における自己疎外（資本家・労働者）をあばきだすことが、当面、歴史に奉仕する哲学の課題である。こうして天上の批判（疎外）（対象）は地上の批判（疎外）（対象）にかわり、宗教の批判は法の批判に、神学の批判は政治の批判にかわるのである。（宗教が、物質即精神なる神が、人間が、自律が、人格が否定されています）

K. Marx: Zur kritik der Hegelschen Rechtsphilosophie. Einleitung. S. 379

「マルクスにおける疎外論の発展（１）」岩淵慶一　133、134頁　傍点は省きました。

『立正大学文学部論叢』52, 129-149, 1975-03-20

(33) 共産的世界主義

　　十九世紀以来、世界は、帝国主義の時代（私欲）（私と対象界）たると共に、階級闘争の時代（対立）（無慈悲）（利己）（私欲）でもあった。共産主義と云うのは、全体主義（利己）的ではあるが、その原理は、何処までも十八世紀の個人的自覚（カント）による抽象的世界理念（私と素材と援助）（私と対象界）の思想に基くものである。思想としては、十八世紀的思想（私と悟性概念）（私と対象界）の十九世紀的思想（マルクスと類）（私と類）（私と対象界）に対する反抗とも見ることができる。帝国主義的思想（私と対象界）（私と他者）（私と人格神）（私欲）（民族自己主義）（主人と奴隷）と共に過去に属するものであろう（どちらも私と対象界です）。

今日は世界（場所的有）（自己）は具体的（博士によって論理化された）（私と汝）（共同意識）（自分ともう一人の自分）であり、実在的（心と身体）（物質即精神）であるのである（同意します）。（博士が「過去に属するもの」と言われる所以です）

　十八世紀的思想（カントと悟性概念）（私と対象界）（私欲）（２）に基く共産的世界主義も（新・共産主義、ポリティカル・コレクトネス　馬渕睦夫）（グローバリズム）（私欲が発生する私と対象界）（カントと悟性概念）（1724〜1804）（帝国主義）、（マルクスと物質、類）（1818〜1883）（共産主義）（主人と奴隷）（私欲）、此の原理（八紘為宇）（八紘一宇）に於て解消せられなければならない。拙著「世界新秩序の原理を読む」

浅井　進三郎（あさい　しんざぶろう）

1944年生まれ
「進」は父の名前「三郎」は祖父の名前です。
ご先祖さんの供養のために進三郎にしました。
カバーの「協調」は孫に書いてもらいました。
メール：asai_j_s@ybb.ne.jp

【著書】
『宮沢賢治とユング　般若心経と聖書の元型』（日本図書刊行会　1998年）
『西田幾多郎「デカルト哲学について」講解　場所的論理と宗教的世界観　私と汝』（東京図書出版　2016年）
『西田哲学「場所的論理と宗教的世界観」を読む　シラス主義とウシハク主義』（東京図書出版　2020年）
『西田哲学「世界新秩序の原理」を読む　善（宗教＝心の作用・心の内容）とは一言でいえば人格の実現である』（東京図書出版　2022年）

西田哲学「アウグスチヌスの三位一体論」を読む

共産主義 マルクスの論理的不備を指摘する

2024年10月11日　初版第1刷発行

著　　者　浅井進三郎

発 行 者　中 田 典 昭

発 行 所　東京図書出版

発行発売　株式会社 リフレ出版
　　　　　〒112-0001　東京都文京区白山5-4-1-2F
　　　　　電話 (03)6772-7906　FAX 0120-41-8080

印　　刷　株式会社 ブレイン

© Shinzaburo Asai
ISBN978-4-86641-789-9 C0010
Printed in Japan 2024
本書のコピー、スキャン、デジタル化等の無断複製は著作権法上での例外を除き禁じられています。本書を代行業者等の第三者に依頼してスキャンやデジタル化することは、たとえ個人や家庭内での利用であっても著作権法上認められておりません。

落丁・乱丁はお取替えいたします。
ご意見、ご感想をお寄せ下さい。